Heinz-Richard Heinemann / Klaus Hurtz

Mit Leib und Seele durch das Jahr

2018

B. Kühlen Verlag

Impressum

Mit Leib und Seele durch das Jahr

Autoren
Heinz-Richard Heinemann
Klaus Hurtz

Fotos
Giulio Coscia, Mönchengladbach

Verlag
B. Kühlen Verlag, Mönchengladbach

Grafische Gestaltung und Satz
punkt-und-pixel Grafik, Bad Honnef

Herstellung
LUC Medienhaus, Greven

ISBN 978-3-87448-505-0

Inhalt

Vorwort

„Essen und Trinken halten Leib und Seele zusammen." Wie recht hat damit der Volksmund. Aber es gilt auch, was uns die Bibel zuruft: „Der Mensch lebt nicht vom Brot allein." (Mt 4,17) Dass beiden Worten zuzustimmen ist, liegt in der Natur des Menschen, dessen Größe es ausmacht, Leib und Seele zu sein. Und so verwundert es nicht, dass es zwischen ihnen Wechselwirkungen gibt; der Mensch fühlt sich nur wohl, wenn es Leib **und** Seele gut ergeht.

Seit vielen Jahrzehnten gibt es in der Rheinischen Post die Rubrik „Denkanstoß", und so lag es nahe, die Beiträge des einen zu überarbeiten und ihnen ein köstliches Rezept des anderen beizufügen. Daher ist dem Nutzer dieser kleinen Publikation gleich doppelte Mühe abverlangt: Lesen und Backen. Es mag eine ungewöhnliche Kombination sein; doch wer Monat für Monat diese bescheidene Anstrengung auf sich nimmt, der schafft für sich eine gute Grundlage, wohlbehalten „mit Leib und Seele durch das Jahr" zu kommen.

Heinz-Richard Heinemann
Eidgenössisch Dipl. Konditormeister

Klaus Hurtz
Pfarrer

Januar

Mit Glockenklang
ins Neue Jahr

Champagne-Trüffel

Geduld

Mit Glockenklang ins Neue Jahr

Fest gemauert" wünschen wir uns Kindergärten und Schulen, Häuser und Wohnungen, denn Erziehung, Bildung, bezahlbarer Wohnraum sind Investitionen in die Zukunft, die für unsere Gesellschaft unerlässlich sind, will sie die künftigen Herausforderungen bestehen. Wo sie fehlen, müssen wir dafür sorgen, dass Baupläne zu Baustellen werden; nur wo wir heute bauen, da kann das Morgen kommen. Das gilt auch im übertragenen Sinn, denn zeigen nicht unsere guten Vorsätze, die wir einmal mehr in der Silvesternacht gefasst haben, dass wir manche persönliche Baustelle kennen, die endlich bearbeitet werden will? Und vermitteln die Nachrichten aus Politik und Wirtschaft, Kirche und Gesellschaft nicht den Eindruck, dass schier die ganze Welt eine Riesenbaustelle geworden ist?

Alles können wir gewiss nicht ändern, aber es bleibt für jeden genug zu tun. Im Großen wie im Kleinen stehen wir in der Verantwortung, unseren Beitrag zu leisten! Deshalb müssen wir die Kräfte bündeln und uns motivieren, Mühsal auf uns nehmen, jeglicher Trägheit zum Trotz. Denn es bleibt wahr, „von der Stirne heiß rinnen muss der Schweiß" will ein Ziel erreicht werden! Natürlich haben wir es in und mit der Technik weit gebracht, und sie hat körperliche Plackerei leichter und manchmal auch überflüssig gemacht, doch auch geistige Arbeit kann uns tüchtig ins Schwitzen bringen! Wollen wir Veränderungen zum Guten bewirken, kommen wir ohne Anstrengungen nicht aus.

Dies unterstreicht unsere Sprache, denn erstaunlicher Weise haben die Worte „bauen" und „sein" dieselbe Wurzel; in den Singularformen „bin" und „bist" ist dies heute noch erahnbar. Im Sein liegt immer das ferne Echo von Bauen! Wo wir unser Ich erbauen, wo wir zu einem erfüllten Sein gelangen wollen, da dürfen wir uns vor keiner Mühe scheuen, sondern müssen wie ein Bauarbeiter in die Hände spucken und mit Herz und Verstand diese Arbeit in Angriff nehmen. Doch jedes noch so große Engagement, jeder noch so große Einsatz findet seine Grenze. Es gehört zu den Grunddaten des Menschlichen, dass wir zwar manches vermögen, aber nie alles! So kann niemand die Konsequenzen seines Handelns in allen Auswirkungen durchschauen, so bleiben Entwicklungen in der Zukunft immer im Dunkeln. Was werden wird, das entzieht sich unserem Zugriff, unserem Einfluss. Doch der Glaube sagt uns, dass Gott uns das Fehlende schenken will. Auch hier bleibt wahr, wir mögen uns bemühen, so viel wir wollen, „doch der Segen kommt von oben."

Es ist guter Brauch, dass die Kirchenglocken das Neue Jahr einläuten. Doch ihr Klang ist mehr als die Markierung eines Zeitpunktes! Das Lied von der Glocke mahnt uns, unsere Beziehung zu Gott nicht zu vergessen. An den vergangenen Weihnachtstagen haben wir uns vom Kind in der Krippe neu berühren lassen. Bauen wir diese Erfahrungen aus! Holen wir Gott in unsere Baustellenwelt! Dann wird er uns sicherlich für das Neue Jahr seinen Segen schenken!

Champagne-Trüffel

Für 60 Stück

60 helle Schokoladen-Hohlkugeln

Für die Champagne-Füllung: 125 g weiße Schokolade / 65 g weiche Butter / 30 g Läuterzucker / 3 cl Marc de Champagne

Für die Ganache: 130 g dunkle Kuvertüre oder Edelbitter-Schokolade (64 %) / 80 g Sahne / 1 Vanilleschote / 60 g Butter

Für den Überzug: ca. 100 g helle Kuvertüre / 20 g Puderzucker

Außerdem: Spritzbeutel mit kleiner Lochtülle

Zubereitungszeit: ca. 60 Minuten
Kühlzeit: über Nacht

1. Für die Füllung die Schokolade im Wasserbad schmelzen. Die Butter cremig rühren. Die flüssige Schokolade zur Butter geben, den Läuterzucker und den Marc de Champagne einrühren. (Wenn die Masse nicht glatt wird, den Schüsselboden ganz kurz in einem Wasserbad erwärmen.)

2. Für die Canache die dunkle Kuvertüre klein hacken. Die Sahne mit der längs aufgeschnittenen Vanilleschote aufkochen, dann den Topf von der Kochstelle nehmen. Die Vanilleschote herausnehmen, das Vanillemark auskratzen und dieses zurück in die Sahne geben. Die fein gehackte Kuvertüre in die heiße Sahne geben und zum Schluss die Butter in kleinen Stücken zugeben.

3. Zum Verarbeiten müssen Champagne-Füllung und Canache kühl, aber noch weich und dickflüssig sein. Die Champagne-Füllung in den Spritzbeutel geben und die Schokoladen-Hohlkugeln jeweils zu Hälfte füllen. Die Füllung kurz fest werden lassen. Dann die Canache in den Spritzbeutel geben und die Hohlkugeln damit auffüllen. 1 Tag kühl stellen, jedoch nicht im Kühlschrank.

4. Die Kugeln mit temperierter, heller Kuvertüre überziehen, abkühlen lassen und in Puderzucker wälzen.

Geduld

Noch ziehen die Heiligen Drei Könige, doch stellt sich schon die Frage, ob sie den Stall überhaupt finden und das Kind anbeten können. Denn obwohl sie noch unterwegs sind, um am 6. Januar ihr Ziel zu erreichen, hat manch einer von uns Krippe und Stall schon weggeräumt, liegen Maria, Josef und das Jesuskind schon wohl verpackt an alter Stelle.

Wir leben in seltsamen Zeiten! Voll Ungeduld versuchen wir, die Feste des Kirchenjahres gleichsam zu überholen; im Advent singen wir Weihnachtslieder und kaum ist das Weihnachtsfest gefeiert, wird umdekoriert, und wir schunkeln zu Karnevalsklängen. Es ist diese Ungeduld, die uns die Feste wieder so schnell überdrüssig werden lassen, ein neues muss her! Doch damit befeuern wir, was wir so gerne beklagen: die Beschleunigung der Zeit! Heute schon das Morgen feiern, macht atemlos. Vielleicht wäre das einer der wichtigsten Vorsätze für das noch junge Jahr, dass wir die Geduld neu lernen, damit wir erkennen, wie schön Vorfreude sein kann, wie gut es tut, ein Fest mit all seinen Facetten zu feiern, um es dann nachschwingen und nachklingen zu lassen. Unsere Seele gleicht der Musik, es braucht Zeit, damit auch der letzte Ton verklingen kann.

Februar

Karneval

Das Narrenschiff

Knusprige Hippen

Karneval

Wenn die ganze Welt ein „Narrenschiff" ist, kann man dann noch Karneval feiern? Mir scheint, gerade in einer solchen Situation sollten wir alle Register des Karnevals ziehen! Denn die närrischen Tage können uns das geben, was man mit keinem Geld der Welt kaufen kann, das wir alle aber zum Leben brauchen wie das tägliche Brot: die Lebensfreude! Mit ihr wird das Schwere leicht und das Trübe licht; und man kann wieder mit Kraft und Hoffnung in die Zukunft gehen. Denn im Druck des Alltags vergessen wir allzu schnell, was unbedingt zum Menschsein gehört; der Karneval kann uns mit „viel Spaß an der Freud" daran erinnern!

Er schenkt uns das Schunkeln. Ob auf der Straße oder in der Festsitzung, immer wieder gibt es Gelegenheiten, sich bei den Nachbarn unterzuhaken, um sich dann miteinander im Takt des Liedes oder der Musik hin und her zu wiegen. Dieses Wir-Gefühl braucht von Zeit zu Zeit jeder Mensch, denn wir sind keine Einzelkämpfer, sondern wir sind auf Gemeinschaft angelegt! Natürlich ist jeder von uns ein einzigartiges Individuum, doch nur im Miteinander können wir uns entwickeln, können wir Probleme lösen und Besonderes leisten; wir Menschen brauchen einander!

Er schenkt uns das Lachen. Ob wir eine Büttenrede hören oder einen Festwagen sehen, Grund zum Lachen gibt es im Karneval allenthalben; denn auch Kostüme, Liedtexte, Zwischenrufe und vieles andere mehr können uns zum Lachen bringen. Und sollte es jemanden geben, der von all dem unbeeindruckt bleibt, so wird er bald merken, dass das Lachen selbst ansteckend ist; Lachen verführt zum Lachen! Die täglichen Nachrichten und Sorgen, die auf uns niederprasseln, lassen uns oft das Lachen vergehen, doch damit wird die Welt dunkel und schwer und wir verzagen. Das Lachen gibt uns die Leichtigkeit und Unbeschwertheit zurück, um mutig für das Leben zu streiten; wir Menschen brauchen das Lachen.

Er schenkt uns die Maskerade. Das ist es doch, das den Karneval so bunt sein lässt, die unzähligen Kostüme. Und man staunt immer wieder, wer welche Verkleidung für sich wählt. Es macht nicht nur Spaß, sondern es ist auch spannend, in andere Rollen zu schlüpfen. Natürlich leben wir in einer freiheitlichen Gesellschaft, und doch sind wir durch unsere Entscheidungen privat oder beruflich festgelegt. Der Karneval zeigt uns, dass wir mehr Seiten besitzen, als wir gemeinhin entfalten; wir Menschen brauchen das Wissen um diesen Reichtum unserer Seele.

Er zeigt uns nicht zuletzt, wie gut es tut, manchmal „fünf gerade sein zu lassen". Die Tollen Tage durchbrechen mitunter Regeln und Vorschriften, verführen uns, über die Stränge zu schlagen. Doch man darf auch einmal großzügig mit sich und den anderen sein; darf Schwäche und Kapriolen verzeihen lernen. Sind Gottes Großzügigkeit und Barmherzigkeit nicht die Fundamente unserer Hoffnung? Denn wie oft sind wir Verführende oder Verführte? Wer könnte vor Gottes Gericht bestehen, wäre Gott ausschließlich gerecht. Wir Menschen brauchen seine Gnade, wir brauchen die Erfahrung, dass auch Gott manchmal ein Auge zudrückt! Und zu Karneval drückt er im Rheinland ganz bestimmt beide zu!

Das Narrenschiff

Anno Domini 1494 wurde eine Moralsatire von Sebastian Brant veröffentlicht, die zwar in der Schweiz von Johann Bergmann von Olpe gedruckt wurde, doch in den folgenden Jahren in den deutschsprachigen Gebieten zu dem erfolgreichsten Buch vor der Reformation avancierte. Es war eine Zeit der Umbrüche, des Wandels, der Entdeckungen neuer Erdteile; die Welt veränderte sich und erhielt ein neues Gesicht. In diese Zeit der Umgestaltung und Unsicherheit hinein schrieb Brant sein Werk: „Das Narrenschiff", das gleich der Hl. Schrift eine rasche Verbreitung fand. Eine Welt voller Narren, die munter in eine bedrohliche Zukunft segeln, dieses Motiv wurde auch von der Kunst gerne aufgegriffen, und kein Geringerer als Hieronymus Bosch malte eines seiner tiefgründigsten Bilder.

Gute 500 Jahre später scheint diese Metapher eine neue Aktualität zu erhalten. Wie närrisch ist doch unsere Welt geworden. Wer heute sein Geld zur Bank trägt, der kann schon dankbar sein, wenn ihm dafür nicht eine Gebühr berechnet wird. Wer in unseren Breiten seine Geranien gut gepflegt hat, bei dem konnten sie auch über Weihnachten und Neujahr fleißig weiter blühen. Und im Sommer lernen auch wir in unseren Breiten wieder das Beten um Regen! Wer arglos als Tourist unterwegs ist, der kann überall auf die blutige Spur brutalen Terrors treffen. Die ganze Welt ein blutiges Narrenschiff, letztendlich hier bleibt uns das Lachen im Halse stecken. Es scheint, dass auch wir in Zeiten großer Umbrüche und markanter Veränderungen leben. Vieles droht dabei aus den Fugen zu geraten, umso mehr müssen wir aufpassen, dass in diesem Prozess nicht die Werte untergehen, für die vergangene Generationen gekämpft haben, und auf deren grundsätzlicher Akzeptanz unsere Gesellschaft beruht. Denn eine Zukunftsgläubigkeit, die besagt, dass in kommenden Zeiten eo ipso immer alles besser wird, sollte schon lange in der Seekiste der groben Denkfehler verschwunden sein. Fortschritt ist ein Rückschritt, wo Menschsein und Menschlichkeit Schaden nehmen.

Hier dürfen wir den Hinweis aus dem „Narrenschiff" ernst nehmen: „Ja, wird alle Schrift und Lehre verachtet, dann lebt die ganze Welt in finsterer Nacht, und tut in Sünden blind verharren; alle Straßen, Gassen sind voller Narren." Die Botschaft ist unmissverständlich: Eine gottlose Welt ist eine unmenschliche Welt! Aber damit ist auch ausgesagt: Wo immer wir Gott wieder zum Lotsen des Lebens werden lassen, da kann unser Schiff wieder auf den richtigen Kurs gebracht werden. Und das brauchen wir heute, wollen wir in den unbekannten Weiten der Zukunft nicht untergehen. Zudem bleibt das Seneca-Wort wahr: „Wer den Hafen nicht kennt, in den er segeln will, für den ist kein Wind günstig." Nur wenn wir um unser eigentliches Ziel des Lebens wissen, werden wir die günstigen Winde erkennen und nutzen können, wissen wir die richtigen Entscheidungen zu treffen. Dabei will uns die Fastenzeit helfen, nutzen wir diese Wochen, damit wir erkennen, wie lebensnotwendig der Ruf für uns ist: Holen wir Gott an Bord!

Knusprige Hippen

Zutaten: 300 g Marzipanrohmasse / 5 Eiweiß / 225 g Puderzucker / 150 g Mehl /
1 Prise Salz / 100 ml Milch / Fett für das Blech

Zubereitungszeit: ca. 20 Minuten
Kühlzeit: über Nacht
Backzeit: ca. 10 Minuten

1. Das Marzipan in Stücke schneiden und mit dem Eiweiß glatt verkneten. Puderzucker mit dem Mehl versieben, Salz dazugeben, mit der Marzipanmasse gut vermengen und mit der Milch streichfähig machen. Abdecken und über Nacht kühl stellen.

2. Den Backofen auf 190 °C vorheizen. Ein Backblech einfetten und mit Backpapier belegen. Die Masse auf Wunsch schon jetzt in die gewünschte Form bringen (z.B. Kreise aufzeichnen und mit Teig bestreichen) oder auf dem Backpapier hauchdünn ausrollen. Auf der mittleren Schiene des Backofens in 5 bis 10 Minuten gold-gelb backen.

Info:

Das Beste dabei: Nicht nur vor dem Backen, sondern auch direkt nach dem Backen können Sie die warme Hippenmasse in jede gewünschte Form bringen! Hippenmasse lässt sich sehr vielfältig verwenden. Drücken Sie den Teig zum Beispiel nach dem Backen in Tassen, um essbare Eis- oder Dessertbecher zu erstellen oder überziehen Sie sie mit Schokolade, dann bleiben sie lange knusprig (siehe Foto)

März

Jede Lebensspur bleibt

Vollkornbrot

Vergebung und Gnade

Jede Lebensspur bleibt

Der hl. Josef zählt zu den Heiligen, über deren Leben wir nicht wirklich allzu viel wissen; immerhin dürfte unstrittig sein, dass er gelebt hat. Die in den Evangelien berichteten Ereignisse in der Kindheit Jesu weisen auf einen wichtigen Grundcharakterzug von ihm hin: Auf veränderte Situationen findet er überraschend schnell eine prägnante, richtige Antwort, auch wenn er manchmal dazu im Traum der Hilfe des Himmels bedarf. Vielleicht förderte sein Beruf diese Eigenschaft. Gemeinhin denken wir uns Josef als Zimmermann, aber dies ist eine Engführung und kann uns auf eine falsche Fährte locken. In der Heiligen Schrift wird er als „Tekton" bezeichnet, was damals alle Tätigkeiten beim Hausbau umfasste, wozu auch die Grundgerätschaften gehörten, die man unbedingt zum Leben brauchte (Tür, Schwelle, Schemel, Pflug, Joch u.ä.). Ein Tekton wusste mit Holz und Steinen umzugehen; in vielen Gleichnissen Jesu ist auf diese Weise die Welt seines Ziehvaters präsent. Der hl. Josef war eben ein „Allroundhandwerker", der sich immer wieder den verschiedensten Herausforderungen stellen musste und nach vernünftigen, pragmatischen Lösungen suchte.

Daher bin ich überzeugt, dass ihm sehr gefällt, wenn wir Gotteshäuser in Grabeskirchen umwidmen, wie wir es in Mönchengladbach mit unserem Trostraum St. Josef getan haben. Natürlich bleibt es eine Wunde, dass wir in einer Gesellschaft leben, die meint, Kirchenraum nicht mehr in dem Maße zu benötigen. Doch umso mehr müssen wir uns dieser neuen Herausforderung stellen und eine angemessene Antwort auf die veränderte Situation finden. Denn im Schwinden des Gottesraumes hat sich auch in einem anderen Bereich ein dramatischer Wandel vollzogen: In unserer Begräbniskultur. Eigentlich war bis vor wenigen Jahrzehnten den Menschen bewusst, dass zur Würde der Person auch und gerade der angemessene Umgang mit den Toten gehört; dass jedes Leben, so kurz oder problematisch es gewesen sein mag, eine kostbare unauslöschliche Spur hinterlässt! Dass es ein Zeichen der Liebe ist, den Seinen einen Ort der Trauer zu schenken; und dass unsere Verstorbenen letztlich nur in der Hand Gottes geborgen sind. Doch dieses Wissen scheint sich immer mehr zu verlieren, immer mehr Menschen meinen, dass es besser ist, wenn sich ihr Leben in der Anonymität des Todes auflöst. Wind soll die Asche verwehen, Gras über das Leben wachsen.

Die Überlieferung sagt uns, dass der hl. Josef in den Armen von Jesus und Maria gestorben ist. Wer so einzigartig von dieser Welt scheiden darf, der wurde zum Patron der Sterbenden erkoren; und so wird bis heute der hl. Josef um eine gute Sterbestunde angerufen. Deswegen wird ihm besonders eine gute Bestattungskultur wichtig sein, und es ist an uns Christen, sie in der heutigen Welt zu gewährleisten. Denn auch das wussten frühere Generationen besser als wir Heutigen: Sterben und Tod, Zeit und Ewigkeit schenken dem Leben hüben wie drüben Sinn und Würde, Einzigartigkeit und Bestand. Am Festtag des hl. Josef (19. März) dürfen wir diese Botschaft feiern. Jede Lebensspur bleibt, weil sie sich immer in den Himmel hinein weitet!

Vollkornbrot

Sauerteigansatz: 250 g Roggenschrot / 100 g Weizenvollkornmehl / 80 g Sauerteig (2 bis 3 EL) / 300 ml warmes Wasser

Für das Vollkornbrot: 50 g Weizenkörner / 500 g Roggenmehl Type 997 / 175 g Weizenmehl Type 550 / 25 g Sesamsamen / 25 g Leinsamen / 25 g geschälte Sonnenblumenkerne / 2 EL Salz / 1 EL Zuckerrübensirup / 650 g Sauerteig / 500 ml Wasser

1. Für den Sauerteigansatz alle Zutaten miteinander verrühren. Wenn Sie keinen eigenen Sauer mehr haben, nehmen Sie bitte gekauften Fertigsauer. Ein Stück Klarsichtfolie direkt auf den Ansatz legen, mit einem Tuch bedecken und 15 bis 17 Stunden an einem warmen, zugfreien Ort gehen lassen. Vom Ansatz (80g) Sauerteig für die Zubereitung des nächsten Brotes abnehmen. Er hält sich 1 bis 2 Wochen im Kühlschrank oder tiefgekühlt bis zu 3 Monaten.

2. Für das Brot die Weizenkörner waschen und in einem Topf mit Wasser bedecken. Zum Kochen bringen und etwa ½ Stunde bei reduzierter Hitze quellen lassen, bis die Körner weich sind. Gut abtropfen und abkühlen lassen. Die beiden Mehlsorten, die Weizenkörner, die Sesamsamen, den Leinsamen, die Sonnenblumenkerne

und das Salz in einer entsprechend großen Schüssel miteinander vermischen. Den Zuckersirup, den Sauerteig sowie nach und nach das Wasser mit einem Rührlöffel einarbeiten, bis ein klebriger Teig entsteht. Ein Stück Klarsichtfolie auflegen und die Schüssel mit einem Tuch abdecken. Den Teig an einem warmen Ort etwa 30 Minuten gehen lassen.

3. Den Teig auf einer bemehlten Arbeitsfläche erneut durchkneten, dabei so viel Roggenmehl einarbeiten, dass er sich formen lässt. Einen Laib in der Länge der Kastenform herstellen. Die Kastenform ausfetten und mit Mehl ausstauben. Den Laib einlegen, mit einem Tuch abdecken und 2 bis 2 ½ Stunden ruhen lassen.

4. Das Vollkornbrot bei 200°C im vorgeheizten Ofen 60 bis 70 Minuten backen, dabei auf eine der oben beschriebenen Arten für eine Erhöhung der Luftfeuchtigkeit sorgen.

Vergebung und Gnade

Langsam neigt die Fastenzeit sich ihrem Ende entgegen, und daher sollten wir hinschauen, ob wir ihrem ureigenen Ziel näher gekommen sind. Dabei gilt zu beachten, dass Verzicht, Entsagung, Fasten nie Selbstzweck sind, sondern dass sie Mittel bleiben, um etwas anderes zu erreichen. Schon im delphischen Apolloheiligtum ist es unübertroffen formuliert, und gehört damit zum Urwissen der Menschheit: „Erkenne dich selbst." Jede Fastenzeit ist letztlich ein Weg und will eine Reise zum eigenen Ich sein.

Natürlich gibt es so viele Routen zum Ich, wie es Individuen gibt; dabei mögen sich mitunter Wegstrecken anderer kreuzen oder parallel verlaufen, doch nie sind sie identisch. Mehr noch, da wir uns ständig entwickeln und verändern, erhalten sie auch für einen selbst immer wieder einen neuen Verlauf, je nachdem wann wir diese Ich-Reise beginnen. Aber eine Wegstation müssen wir alle früher oder später passieren, an ihr kommt keiner vorbei. Jeder, der zur Selbsterkenntnis strebt, muss irgendwann feststellen: Ich bin ein Sünder. Zugegebenerweise mag das Wort für heutige Ohren fremd klingen und sicherlich ist auch wahr, dass die wenigsten von uns Mörder oder Schwerverbrecher sind. Aber gleichwohl gilt, dass wir immer hinter unseren Möglichkeiten zum Guten zurückbleiben,

dass wir bewusst oder unbewusst dem Bösen die Tür in die Welt, in das Leben öffnen. Jeder Lebensweg ist mit Fehlern, Versagen, Schuld gepflastert, „menschlich" hat immer einen doppelten Klang.

Mit dieser Erkenntnis tut sich unsere Gesellschaft sichtlich schwer, das Eingeständnis der Schuldfähigkeit scheint den Nimbus des aufgeklärten, freiheitlichen, autonomen Menschen anzukratzen, scheint unser schönes Menschenbild zu beschädigen, doch das Gegenteil ist wahr. Denn wo wir um die Sündhaftigkeit aller wissen, erkennen wir die absolute Gleichheit der Menschen, erleben wir die Bruderschaft der Schuld. Weder Rang, Rasse, Religion, Reichtum, Ruhm, Intelligenz noch sonst irgendetwas machen einen Menschen besser oder schlechter. Wir Menschen sind gleich, weil jeder immer wieder seinen Kampf mit dem Bösen zu bestehen hat, immer wieder seinen Weg zum Guten finden muss.

Das hat eine weitere wichtige Auswirkung. In unserer Gesellschaft führt das Verzeihen ein Schattendasein, der mittelalterliche Schandpfahl ist in unseren Sozialen Netzwerken und im Internet neu aufgerichtet. Doch menschliches Miteinander braucht „Vergeben und Vergessen", weil keiner ohne eine zweite Chance auskommt; und Verzeihung fällt leichter, wenn um die eigene Vergebungsbedürftigkeit gewusst wird. Zudem ist die Vergebung die Zwillingsschwester der Gnade, und im „Kaufmann von Venedig" hören wir über sie aus dem Mund von Porzia: „Sie segnet den, der gibt, und den, der nimmt." Damit schließt sich der Kreis, denn nichts braucht der Mensch mehr als einen gnädigen Gott, ohne ihn ist alles nichts. Und dass er aus freier Liebe uns die Fülle der Gnade schenken will, deswegen hat er in Jesus Christus Leben und Leiden, Tod und Auferstehung auf sich genommen. Damit wir dies neu in seiner unauslotbaren Tiefe erfahren und feiern können, dazu lädt uns die Fastenzeit ein.

April

Mut für das Gute

Herrentorte

Menschen-Würde heute

Mut für das Gute

Immer wieder erschrecken wir vor den Angriffen, die unserem freiheitlichen Rechtsstaat Schaden zufügen wollen. Dagegen müssen wir Zeichen der Solidarität und des Miteinanders setzen, damit wir nicht vor dem Bösen resignieren und neuen Mut für das Gute erhalten. Diesen Mut benötigen wir, denn das Wort von E. W. Böckenförde bleibt gültig: „Der freiheitliche, säkularisierte Staat lebt von Voraussetzungen, die er selbst nicht garantieren kann." Damit ist das wesenhafte Dilemma des freiheitlichen Systems benannt. Denn natürlich muss ein freiheitlicher Staat seinen Bürgern die Freiheit der Religion, der Weltanschauung, der Meinung ermöglichen, und damit einen Dissens in ethischen Fragen ertragen. Gleichwohl braucht er auch einen Konsens in Grundwerten, die von allen akzeptiert und anerkannt werden. So ist er zum Beispiel auf die demokratische Gesinnung seiner Bürger angewiesen, zumindest auf die Bereitschaft, wählen zu gehen; doch kann der freiheitliche Staat diese nicht erzwingen, will er sich nicht selbst aufgeben. Das Grundgesetz verbürgt zwar unsere Grundwerte, aber auf das Ethos seiner Bürger kann es nur bedingt Einfluss nehmen. Diese Wechselbeziehung zwischen staatlicher und ethischer Ordnung formulierte der Bonner Rechtsphilosoph Isensee bereits 1978 auf den Salzburger Hochschulwochen fast lakonisch: „Die ethische Kultur hat vom freiheitlichen Staat wenig zu erhoffen. Der Staat hat mit dem Ethos seiner Bürger alles zu verlieren."

Deswegen sind wir alle gefordert, wehrhaft und beständig für die Grundwerte einzustehen; und so müssen wir Wege finden, das Ethos des Einzelnen zu stärken. Wollen wir Zukunft haben, dann müssen wir das Gute im Menschen fördern! Dies meint aber nicht, den fehlerfreien, den perfekten Menschen zu fordern; wir wissen doch vom menschlichen Hang zur Sünde. Aber wir müssen neu lernen, darüber nachzudenken, was im Leben wirklich erstrebenswert, was wirklich wichtig und richtig ist. Wo Karriere, Verdienst, Spaß, Erfolg unsere Lebensinhalte bestimmen, da kann kein Ethos wachsen. Wir müssen bereit sein, der Frage nachzuspüren, was Menschsein, was Menschlichkeit ausmacht. Wir müssen bereit sein, zu erkennen, dass Freiheit immer auch Verantwortung beinhaltet. Wir müssen bereit sein, den Maßstab zu finden, der uns zeigt, worin unsere wahre Größe liegt. Wir müssen bereit sein, die Liebe wachsen zu lassen, die das Du ernster nimmt, als das eigene Ich.

Das Wesen Gottes ist die Liebe, deswegen sind Gewalt, Hass und Terror nie Wege zu ihm! Aus dieser Liebe zu uns ist Gott Mensch geworden und ist in den Tod gegangen, um ihn für uns zu besiegen. Daran wollen die Festtage der Karwoche uns erinnern, und uns auf diese Weise Kraft und Mut schenken, unsere egoistischen Oberflächlichkeiten und unseren Selbstherrlichkeitswahn zu durchkreuzen. So mögen wir die Heilige Woche der Christenheit ganz persönlich erfahren; so bleibt sie aber nie

Privatsache. Denn indem sie das Ethos des Einzelnen stärkt, kräftigt sie die freiheitliche Gesellschaft. Das Ich und das Wir brauchen diesen Mut für das Gute, der uns zeigt, worin unsere wahre Größe liegt. Wir müssen bereit sein, die Liebe wachsen zu lassen, die das Du ernster nimmt, als das eigene Ich.

Herrentorte

Für eine Torte von 26 cm Ø

Für die Wiener Böden (6 dünne Böden): 50 g Butter / 100 g Mehl Type 550 / 110 g Speisestärke / 4 Eier / 180 g Zucker / 1 Prise Salz

Für die Mandelweincreme: 250 g Marzipan (60 % Mandeln, 40 % Zucker) / ca. 100 ml Weißwein (bevorzugt kräftiger Riesling)

Für den Überzug: 250 g Fondant (vom Konditor) / 35 ml Wasser / 150 g dunkle Kuvertüre

Außerdem: Tortenring

Zubereitungszeit: ca. 25 Minuten
Backzeit: ca. 60 Minuten
Kühlzeit: 1 Tag
Fertigstellung: ca. 20 Minuten

1. Den Backofen auf 180 °C vorheizen. Die Butter für die Wiener Böden zerlassen. Mehl mit der Speisestärke mischen und sieben.

2. Eier, Zucker und Salz unter Rühren im Wasserbad auf Körpertemperatur bringen, herausnehmen und schaumig schlagen. Die

Mehl-Stärke-Mischung vorsichtig unter die Ei-Masse mengen. Dann die abgekühlte flüssige Butter unterziehen.

3. Ein Sechstel der Biskuitmasse in einem Tortenring (26 Zenti-meter Durchmesser) auf einem mit Backpapier ausgelegten Blech dünn aufstreichen. Den Ring abnehmen und auf die gleiche Weise fünf weitere Böden aufstreichen. Im Ofen (mittlere Schiene) 10 Minuten backen.

4. Für die Mandelweincreme das Marzipan mit Weißwein zu einer glatten Creme verarbeiten. Im Tortenring abwechselnd Wiener Boden und eine dünne Lage Mandelweincreme fest übereinander schichten. 1 Tag zugedeckt im Ring kühl stellen.

5. Die Torte vorsichtig aus dem Ring nehmen und auf einem Gitter platzieren. Für den Überzug den Fondant, das Wasser und die dunkle Kuvertüre zusammen aufkochen. Etwas abkühlen lassen und die Torte auf dem Gitter mit dem Schokoladenfondant über-ziehen.

Menschen-Würde heute

D er Strom der Wahrheit fließt durch Kanäle von Irrtümern." Dieses Wort von dem großen indischen Philosophen und Literaturnobelpreisträger Rabindranath Tagore beleuchtet einen grundlegenden Aspekt des Menschseins. Im Ringen um das Richtige und das Gute begleitet uns immer der Irrtum, und daraus erwachsen Fehleinschätzungen, Fehlentscheidungen und Fehlverhalten; wir sind keine perfekten Wesen, irren ist eben menschlich! Daher erfahren wir uns oft genug, auch ohne niederträchtig oder böswillig sein zu wollen, als Scheiternde. Scheitern ist in dieser Hinsicht ein Synonym für Menschsein oder provokanter formuliert: Mensch sein heißt, sich immer wieder als ein Gescheiterter zu erleben.

Deshalb sollte es allgemeiner Konsens sein, dass wir verständnisvoll, nachsichtig, vielleicht sogar barmherzig mit dem Scheitern, erst recht mit dem Gescheiterten umgehen, doch erstaunlicher Weise ist das Gegenteil der Fall. Zumindest in unserer Medienlandschaft ist fast tagtäglich zu beobachten, dass ein eben noch Umjubelter und Gelobter unbarmherzig auf den einen Fehler, den einen Irrtum reduziert wird; die bisherige (Lebens-) Leistung scheint sich in Luft aufgelöst zu haben. Natürlich bedarf es in bestimmten Positionen und Ämtern, in Politik und Wirtschaft, in Kirche und Ge-

sellschaft Menschen mit hoher Reputation, doch es bleiben gottlob Menschen! Aber genau dieser Umstand führt in der öffentlichen Wahrnehmung weniger zur Nachsicht, als dass er zum Nachspüren verführt.

Selbst untadelige Persönlichkeiten, deren Lebensweg uns Vorbild und Halt sein dürfen, werden dieser Gier nach Beschmutzung ausgesetzt. So war kaum Franziskus zum Papst gewählt, da wurde schon über sein bisheriges Leben spekuliert, und man scheute sich auch nicht, Falschmeldungen zu lancieren. Vielleicht erinnern wir uns noch an Schlagzeilen und Berichte, als Papst Benedikt XVI. sein Pontifikat begann; die Muster bleiben sich gleich. Doch da nichts älter ist als die Meldung von gestern, durfte nach den Richtigstellungen Papst Franziskus viele gute Ratschläge lesen und hören. Darunter war immer wieder auch der Wunsch, dass er der Kirche zu mehr Barmherzigkeit verhelfen solle. Natürlich verbinden sich mit seiner Namenswahl bestimmte Erwartungen, und eigentlich sollte in der Kirche gerade Barmherzigkeit selbstverständlich sein, aber nur dort? Müssen wir nicht alle daran mitarbeiten, dass es in unserer Gesellschaft etwas barmherziger zugeht, etwas menschlicher? Damit Würde und Respekt keinen Schaden nehmen.

Immerhin sind wir alle die Konsumenten der verschiedensten Medien, die meinen, uns mit vermeintlichem oder tatsächlichem Scheitern von Menschen unterhalten zu müssen. Wir sollten uns dabei von der Sprache mahnen lassen, denn „scheitern" kommt von „Scheit", und viele von ihnen werden wiederum zum „Scheiterhaufen". Haben wir seit dem Mittelalter wirklich nichts dazu gelernt? Wir stehen in der Osterzeit, in der wir den feiern, der augenscheinlich am Kreuz gescheitert ist, der aber durch seine Auferstehung uns zeigt, dass Gott nicht die Niederlage, ja selbst den Tod nicht triumphieren lässt. Gott will für uns erlöstes Leben, aus den Verstrickungen des Irrtums gelöstes Leben. Er schenkt es uns, weil er voll von Liebe ist und Barmherzigkeit; und allein dadurch gibt er uns Menschen Würde.

Mai

Neu das Danken lernen!

Reistörtchen

Neu das Danken lernen!

Es ist sprichwörtlich geworden: „Undank ist der Welten Lohn." Es ist sogar schon biblisch, von zehn Geheilten kehrt nur einer zurück, um zu danken (Lk 17,15f). Wir Menschen tun uns schwer mit dem Dank. Besonders heute, wo wir immer nach dem Mehr und dem Besseren schielen und das Erreichte nur als Selbstverständlichkeit wahrnehmen. Großmutters Lebensweisheit ist verlorengegangen: „Man darf sich nicht arm gucken." Dabei ist Danken ganz einfach, schon der Wortbefund sagt es uns: danken kommt von denken! Wann immer wir wirklich über unser Leben nachdenken und uns erinnern, fallen uns viele Menschen ein, denen wir etwas zu verdanken haben. Und schauen wir noch genauer und näher hin, dann spüren wir, wie viel Dank Gott dabei gebührt. Seine Geschichte mit den Menschen schenkt uns immer wieder neue Hoffnung und Zuversicht, Kraft und Mut, das eigene Leben zu gestalten. Und Gott bindet den Menschen in sein Wirken ein, sodass wir nicht nur passive Empfänger, sondern aktive Handelnde sein dürfen.

Das sehen wir in besonderer Weise an Maria, ihr Ja zu Gott hat nicht nur ihr Leben verändert, sondern den Lauf der Geschichte! Zu welcher Größe der Mensch berufen ist, wie sehr er mit seinen Entscheidungen Einfluss nehmen kann, das zeigt das Leben der Gottesmutter. Und wann immer wir versuchen, wie Maria unsere Gottesbeziehung zu intensivieren, da werden auch wir zu Gottes Zu-Arbeitern in der Welt. Vielleicht berühren wir hier den Punkt, warum es die Gottesmutter heute so schwer hat mit uns und wir mit ihr. Wir wollen autarke, autonome Menschen sein, und nicht Mitarbeiter. Wir wollen unser Leben selbstbestimmt und unabhängig gestalten, weil wir nur so meinen, unsere Freiheit zu realisieren. Doch wo wir uns an das eigene Ich binden, bleiben wir klein, werden wir zu Knechten unserer verengten Perspektiven und beschränkten Möglichkeiten. Lernen wir neu den Dank an Maria, damit das Denken an ihr Vorbild uns weitet und befreit.

Wir stehen im Mai, und wer immer ein Auge für die Natur besitzt, der sieht, wie es sprießt und blüht, mit welcher Macht die Natur ihr vielfältiges Leben entfaltet. Dieser lebenstrotzende Monat wird seit alters her der Gottesmutter zugewiesen, denn sie ist die Frau, die dem lebenspendenden Gott das Leben geschenkt hat. Deswegen haben unsere Ahnen Maria den Mai zu"gedacht"; das schwelgerische Leben soll an die Mutter des Lebens erinnern. Wo wir Maria danken, danken wir für das Leben selbst. Vielleicht liegt hier ein weiterer Punkt, warum die Marienverehrung vielen Christen fremd geworden ist. Wir nehmen das Leben als Selbstverständlichkeit wahr und nicht als Geschenk; wir wähnen, dass unser Leben unser Eigentum ist, wofür wir niemanden Dank schulden. Doch mit einer solchen Haltung wird das Leben zur Verfügungsmasse des Menschen und die Probleme, die daraus erwachsen, erkennen wir immer klarer. Lernen wir neu den Dank an Maria, damit unsere Einstellung zum Leben wieder von Ehrfurcht geprägt wird.

Wo wir angemessen Dankende sind, da werden auch beim Bedankten Erinnerungen geweckt, und in diesem Wechselspiel verfestigen sich Beziehungen. Auch das haben frühere Generationen besser gewusst als wir, und deshalb standen Mai-Altäre nicht nur in den Kirchen, sondern auch in den Wohnungen und Häusern. In die-ser Vertrautheit konnten die Menschen dann Maria um ihre Fürsprache anrufen: „... jetzt und in der Stunde unseres Todes". Wer dankt, der darf auch bitten! Wir sind und bleiben bedürftige Wesen und brauchen immer wieder Gottes Hilfe und Beistand! Eine große Fürsprecherin zu haben, die uns kennt und um die menschlichen Nöte weiß, macht das Bitten leichter. Daher ist zu verstehen, dass Marienorte Pilgerorte wurden, in denen sich Bitte und Dank gegenseitig verstärken. Und man begreift auch, warum über dem Altar der Gnadenkapelle im niederrheinischen Wallfahrtsort Kevelaer der Spruch in den Stein gemeißelt worden ist: „Mater dei – memento mei", Mutter Gottes, erinnere Dich meiner.

Reistörtchen

Für etwa 15 Stück

Für den Mürbeteig: 120 g kalte Butter / 60 g Puderzucker /
1 Prise Salz / Mark von ½ Vanilleschote / 2 Eigelb / 180 g Mehl Type 550

Für die Füllung: 50 g Reis / ½ l Milch / 3 Eier / 50 g Zucker / 50 g Butter /
1 Prise Salz / Mark von ½ Vanilleschote / 50 g Speisestärke

Zum Bestreichen: 1 Ei

Außerdem: Brioche- oder Kleinbackförmchen: 3 cm hoch

Zubereitungszeit: ca. 1 Stunde
Kühlzeit: möglichst über Nacht
Backzeit: ca. 15 Minuten

1. Für den Mürbeteig alle Zutaten bis auf das Mehl rasch zu einer glatten Masse verkneten. Dann das Mehl unterarbeiten. Den Teig in Folie wickeln und kühl stellen, am besten über Nacht, dann lässt er sich besser weiterverarbeiten.

2. Den Mürbeteig etwa 5 mm dick ausrollen und Teigstücke ausschneiden, die etwas größer als die Backförmchen sind. Die Teigplatten in die Förmchen legen und leicht andrücken. (Der Teig darf an keiner Stelle reißen, da sonst die Füllung ausläuft.)

3. Für die Füllung den Backofen auf 200 °C vorheizen. Den Reis in Wasser kurz blanchieren und gut abtropfen lassen. Die Milch in einer Kasserolle zum Kochen bringen, den Reis hinzugeben und zugedeckt in der Kasserolle auf einem Rost in den Backofen geben und den Milchreis in etwa 35 Minuten fertig garen.

4. Die Eier trennen. 25 g Zucker, Butter, Salz und Vanillemark schaumig rühren. Nach und nach die Eigelbe und die Speisestärke unterrühren. Diese Masse unter den noch warmen Reis ziehen.

5. Den Backofen erneut auf 200 °C vorheizen. Ein Backblech mit Backpapier auslegen. Die Eiweiße zusammen mit dem restlichen Zucker zu festem Schnee schlagen, dann die Milchreismischung unterheben. Die Mürbeteigförmchen auf das Backblech geben, die Milchreisfüllung gleichmäßig auf die Törtchen verteilen und auf der mittleren Schiene des Backofens etwa 15 Minuten backen.

6. Das Ei zum Bestreichen verquirlen. Nach 10 bis 12 Minuten Backzeit die Oberfläche dünn mit Eigelb bestreichen. Nach dem Backen die Milchreistörtchen auskühlen lassen und aus der Form lösen.

Juni

Das Geheimnis des Sonntags

Himbeertörtchen

Schreib- und Leseglück

Das Geheimnis des Sonntags

Ein Hoch auf die Gewerkschaft! Ein Hoch auf die beiden großen christlichen Kirchen Denn vor allem ihnen ist es zu verdanken, dass der Sonntag Sonntag bleibt. Sie erstreiten vor Gericht Urteile, die diesen Tag schützen, sie wachen darüber, dass der Sonntag sein Alleinstellungsmerkmal bewahrt, damit in der Regel ausschließlich grundlegende Arbeiten für unsere Gesellschaft verrichtet werden dürfen. Denn das verstehen wir alle, dass auch am Sonntag Kranke gepflegt und ältere Menschen betreut werden müssen, und natürlich sollen auch dann Busse und Bahnen fahren. Auch die Ordnung muss weiterhin gewährleistet sein, und Strom und Wasser sollen fließen; manche Dienstleistung ist in unserer hoch technisierten Welt vonnöten. Doch am Sonntag müssen keine Waren produziert oder verkauft, keine Bauarbeiten verrichtet und kein Rasen gemäht werden. Wir brauchen im Rhythmus diesen einen Tag, der sich von den anderen unterscheidet.

Doch warum ist dies so? Denn man muss zugeben, rund um die Uhr und an sieben Tagen in der Woche den Betrieb durchlaufen zu lassen, wäre sehr viel effizienter und effektiver. Eine solche Welt des Machens mag den Mammon mehren, doch sie mindert, ja zerstört das Leben. Tag und Nacht, Ebbe und Flut, Ein- und Ausatmen, Anspannung und Entspannung, das Gesetz der Rhythmik ist tief in die Schöpfung eingeschrieben. Das war das Urwissen früherer Generationen! Selbst als wir noch angeblich primitive Jäger und Sammler waren, wusste bereits der Mensch, dass ein Bogen, der immer gespannt bleibt, zerbricht.

Hinzu kommt in unserer individualisierten Gesellschaft, dass zumindest Restbestände eines allgemeinen Konsenses erhalten bleiben müssen; die Welt lebt von Vorgaben, die von allen anerkannt und befolgt werden! Das beginnt im Miteinander in der Familie, bis hin zum Umgang der Nationen untereinander. Und deshalb ist es buchstäblich lebensnotwendig, dass wir auch weiterhin in großen Teilen der Erde die Sonntagsruhe kennen, die den Lärm des Alltags zum Schweigen bringt. Deshalb muss die Möglichkeit zu gemeinsamen Mahlzeiten im Familienkreis am Sonntag erhalten bleiben, um den Reichtum des Nächsten zu erleben. Deshalb sollten wir auch zukünftig am Sonntag unseren Passionen nachgehen können, um die Beglückung der Begegnung mit dem eigenen Ich zu erfahren. Wir brauchen den Sonntag, damit weder die Gemeinschaft, noch die Seele zerbricht. Denn das ist das tiefste Geheimnis des Sonntags, dass er uns hilft, das Mysterium des Seins zu entschlüsseln. Wir leben nicht, um zu produzieren, um zu konsumieren, um zu lachen, um zu leiden; wir leben nicht, um zu sterben! Ob wir es wissen oder nicht, letztlich leben wir, um zu Gott zu gelangen! Das können wir nicht aus eigener Kraft, doch mit Gottes Beistand kann es uns gelingen. Und genau das will uns jeder Sonntag sagen.

Himbeertörtchen

Für 8 Törtchen

Für den Mürbeteig: 75 g kalte Butter / 125 g Mehl / 40 g Puderzucker / 1 Ei / 1 Prise Salz

Für die Creme: 1 ½ Blatt Gelatine / 1 Ei / 10 g Speisestärke / 4 EL Holunderblütensirup / 1 EL Zitronensaft / 40 g Sahne / 30 g Zucker

Zum Garnieren: 200 g Himbeeren / 2 EL Pistazien, gehackt

Außerdem: 8 Tortelettförmchen (etwa 8 cm Ø) / Spritzbeutel

Zubereitungszeit: ca. 40 Minuten
Kühlzeit: ca. 6 Stunden
Backzeit: ca. 20 Minuten

1. Für den Mürbeteig alle Zutaten zu einem glatten Teig verkneten. In Klarsichtfolie gewickelt 30 Minuten kalt stellen.

2. Den Backofen auf 180 °C vorheizen. Die Tortelettförmchen mit Butter ausstreichen. Den Teig etwa 3 mm dünn ausrollen, Teigstücke ausschneiden, die etwas größer als die Förmchen sind, und die Förmchen damit auslegen. Gut andrücken und mehrmals mit einer Gabel einstechen. Auf der mittleren Schiene des Backofens in 20 Minuten hell backen. Abkühlen lassen.

3. Für die Creme die Gelatine einweichen und das Ei trennen. Die Speisestärke mit dem Eigelb glatt rühren. Den Holunderblütensirup mit dem Zitronensaft und der Sahne verrühren und aufkochen.

4. Den Topf vom Herd nehmen, unter ständigem Rühren die Eigelbmischung dazugeben. Gleichmäßig einrühren und nochmals aufkochen. Die Creme vom Herd nehmen und die eingeweichte Gelatine gut ausgedrückt in der Creme auflösen. In eine Schüssel gießen. Das Eiweiß mit dem Zucker zu cremigem Schnee aufschlagen und behutsam unter die noch warme Creme mischen.

5. Die Creme auf die Tortenböden geben und gleichmäßig verstreichen. Die Torteletts mit Frischhaltefolie bedecken und etwa 6 Stunden kühlen.

6. Zum Abschluss die Törtchen gleichmäßig mit den verlesenen Himbeeren belegen und mit kleingehackten Pistazien bestreuen.

Schreib- und Leseglück

In diesen Landschaften wandere ich gerne! Sie schenken mir Entspannung, aber wecken auch Neugierde; sie verraten mir vieles, aber bergen auch Geheimnisse. Sie sind schön und doch sperrig; sie sind ganz unterschiedlich, und doch zeigen sie Verbindendes. Ich liebe die Landschaft der Handschrift! Es liegt ein großes Faszinosum in jeder Handschrift, denn in ihr spiegelt sich immer das Geheimnis der Person. Handschriften zählen zum Persönlichsten, wie wir Menschen uns mitteilen können. Wir wählen nicht nur Worte aus, stellen sie nicht nur in unseren Sprachduktus, sondern geben dem Ganzen eine konkrete Bildgestalt; Schreiblandschaften, die zu Schriftbildern werden. Deshalb kann ich mir gar nichts anderes vorstellen, als dass bestimmte Texte mit der Hand geschrieben werden. Wo es um Persönliches geht, da muss die eigene Person eingebracht werden! Ob ein Kondolenzschreiben oder ein Liebesschwur, ob eine Ermutigung oder ein Trostwort, sie alle wollen mit der Hand geschrieben und nicht getippt sein.

Umso bestürzter war ich, als mir zum ersten Mal bewusst wurde, dass an unseren Schulen immer weniger die verbundene Schreibschrift gelehrt wird. Immer mehr beschränkt man sich auf das Lehren von Druckbuchstaben. So meint man die jungen Menschen besser auf unsere technisierte und computerisierte Welt vorzubereiten. In ihr wird gesimst, gemailt, gepostet, getwittert, aber wird damit auch noch geschrieben? Diese Entwicklung hat vielerlei Aspekte und vielleicht manche Konsequenzen, an die man heute noch gar nicht denken kann. Mir genügt zum Erschaudern die Vision, dass immer mehr das Schreib- und Leseglück verloren geht. Denn nur wer seine eigene Handschrift reifen sieht, wird Freude an den Handschriften anderer entwickeln. Wie unpersönlich wird unsere Gesellschaft, wenn die Menschen tippen, aber kaum noch welche schreiben können! Es kann nicht ausreichen, Emoji hinter einem Wort oder einem Satz zu setzen, um eigene Gefühle mitzuteilen. Denn darum geht es doch, dass wir uns über das geschriebene Wort wirklich begegnen. Im Brief, im Kartengruß möchten wir uns ganzheitlich mitteilen, und nicht nur einen Sachverhalt vermitteln; wir wollen Wertschätzung zeigen, die dem Du in seiner Ganzheit gilt.

Man muss kein Hirnforscher sein, um nachzuvollziehen, woran diese uns mahnend erinnern: je mehr Areale in unserem Gehirn angesprochen werden, umso stärker wird die Verarbeitungstiefe, kann man etwas behalten. Hierhin gehört auch das Schlagwort von der „digitalen Demenz", denn wie jeder selten benutzte Muskel, so verkümmert auch das Gehirn, das wenig

aktiviert wird. Und wer sich an seine eigene Schulzeit erinnert, der weiß, dass die
Feinmotorik der Hand durch das Schreiben
erst eingeübt wird. Nicht umsonst schrieb
man früher zunächst mit einem Griffel, damit der unkontrollierte Druck der noch un-
gelenken Kinderhand ausgeglichen wurde.

Wir sollten also alles daran setzen, dass
auch kommende Generationen in Schreiblandschaften wandern lernen. Schreiben
oder Lesen ist mehr als ein funktionaler
Vorgang, es bleibt ein sinnlicher Genuss!

Ein Text in der Handschrift eines Künstlers wie Heinz Mack oder Bert Gerresheim,
ein Gedicht in der Handschrift einer Sarah
Kirsch oder Ulla Hahn beglückt. Dabei wird
der Mehr-Wert der Sprache augenfällig; der
Verweis auf Größeres hinter den Worten of-
fensichtlich. Was Menschsein ausmacht, ist
immer das Je-Mehr! Leben weist über sich
hinaus und dieses Transzendente spiegelt
die Handschrift. Schreiben wir mit Hirn,
Herz und Hand! Um Gottes, nein, um unse-
retwillen!

Die Heilige Pforte

Schwarzwälder Kirschtorte

Die Heilige Pforte

Manchmal ist man von sich selbst überrascht. So widerfuhr es mir, als ich im „Heiligen Jahr der Barmherzigkeit" in Rom auf alten Pilgerwegen gehen durfte. Besonders das Durchschreiten der Heiligen Pforte im Petersdom berührte mich tief und dieser Eindruck ist bis heute unvergessen. Es war kein Rom-Besuch, wie es vorher manchen gab, sondern ich folgte einem uralten Pilgerstrom, denn seit mehr als 700 Jahren sind in unterschiedlichen Abständen unzählige Menschen in die Ewige Stadt aufgebrochen, um ein Heiliges Jahr zu feiern.

Unser Wort „Pforte" trägt das lateinische „porta" in sich, was eben Tür, Tor meint. Es bezeichnet den Ort, an dem man ein Gebäude betreten oder verlassen kann; den Ort, der das Draußen und Drinnen sowohl voneinander scheidet, als auch füreinander öffnet. Es ist banal und doch von einer starken Symbolkraft: Man muss eine Türschwelle überschreiten, will man ins Innere gelangen. Hier findet sich die Antwort, was durch die Jahrhunderte die Pilger erfahren und bewegt. Geht man durch die Heilige Pforte, betritt man nicht nur eine Kirche, sondern man fühlt, dass die Größe des Raumes auf jenen Größeren verweist, der alles in seinen Händen hält. So weiß man sich im Inneren von Gott selbst umfangen und geborgen, unsere Sehnsucht hat ihr Ziel gefunden.

Zudem spürt man, dass zwar jeder seinen Lebensweg zu finden und zu gehen hat, aber dass man immer gemeinsam unterwegs ist. „Wer glaubt, ist nie allein!" Dieser Zuruf von Papst em. Benedikt XVI. mag hier seinen Ursprung haben. Woher die Pilger auch kommen, die Wege laufen an der Schwelle zusammen. Man ist mit allen verbunden, und diese Gemeinschaft können selbst Kontinente und Jahrhunderte nicht trennen; das Ich erfährt Stärkung durch das Wir. Diese Geborgenheit im Du Gottes und im Wir der Glaubenden rückt die Antwort des eigenen Lebens neu ins Blickfeld. Die Barmherzigkeit steht heuer im Focus des Heiligen Jahres, sie darf nicht nur empfangen, sondern sie will vor allem weitergegeben werden. Offene Türen laden ein, die eigenen Türen zu öffnen. Wenn wir auch wissen, dass selbst einschneidende Geschehnisse nicht verhindern, dass wir in alte Muster zurückfallen, dass wir immer in der Gefährdung leben, uns Gott, dem Nächsten und dem Guten zu verschließen, so bleibt doch die im Inneren gemachte Erfahrung.

Dies mag ein kleines Zeichen unterstreichen. In Goethes Faust lesen wir, dass Mephisto einen Raum auf dem Weg verlassen muss, auf dem er hineingelangt ist. Als ich durch die Heilige Pforte ging, kam mir gedankenverloren ein Pilger entgegen. Doch ehe er die Schwelle erreichte, erschien ein

Helfer, der bedeutete, dass der Ausgang anderswo sei. Durch die Heilige Pforte tritt man ein, aber nicht wieder heraus. Ein schöner alter Brauch! Vielleicht zeigt er uns, dass wir uns wieder von Gott entfernen können, aber ihn letztlich nie ganz verlieren. Weil seine Liebe bis ins äußerste Außen mit uns geht.

Schwarzwälder Kirschtorte

Für eine Springform von 26 cm Ø

Für den Tortenboden aus Mürbeteig (am besten am Tag vorher herstellen):
60 g Butter / 3 EL Puderzucker (30 g) / 1 Prise Salz / Mark von ½ Vanilleschote /
1 Eigelb / 90 g Mehl Type 550 oder 1050

Für die Schokoladen-Biskuitböden: 8 Eier / 80 g Butter / 150 g Zucker /
½ TL Vanillezucker / 40 g gemahlene Haselnüsse / 70 g dunkle Kuvertüre /
50 g Mehl / 100 g Biskuitbrösel

Für die Kirschfüllung: 400 g Sauerkirschen / 100 g Zucker / 25 g Speisestärke

Für die Kirschwassersahne: 4 Blatt Gelatine / 30 ml Kirschwasser / 50 g Zucker /
1 kg gut gekühlte Sahne

Für die Fertigstellung: 60 ml Kirschwasser / 40 ml Läuterzucker /
50 g dunkle Kuvertüre / Schokospäne und Kirschen zum Dekorieren

Außerdem: Tortenring / Spritzbeutel mit weiter Sterntülle

Zubereitungszeit: ca. 75 Minuten
Backzeit: ca. 60 Minuten
Kühlzeit: ca. 1 Stunde

1. Für den Mürbeteig alle Zutaten – bis auf das Mehl – in kühlem Zustand zu einer glatten Masse verkneten. Dann das Mehl unterarbeiten. Den Teig in Frischhaltefolie wickeln und kühl stellen, am besten über Nacht, dann lässt er sich besser weiterverarbeiten.

2. Den Backofen auf 160 °C vorheizen. Inzwischen den Mürbeteig ausrollen und einen Boden von 26 cm Durchmesser ausstechen.

3. Eine Springform mit Backpapier auslegen und den Teig hineingeben. Mehrmals mit einer Gabel einstechen und im vorgeheizten Ofen (mittlere Schiene) etwa 20 Minuten backen.

4. Für die Schoko-Biskuitböden die Eier trennen. Butter schmelzen und lauwarm abkühlen lassen. Eigelbe, 50 g Zucker, den Vanillezucker und die gemahlenen Haselnüsse mischen und schaumig rühren. Die Kuvertüre auflösen, zugeben und gut mischen. Danach die lauwarm geschmolzene Butter und anschließend das Mehl unterrühren. Den Backofen auf 190 °C vorheizen.

5. Das Eiweiß mit dem restlichen Zucker zu Schnee schlagen, mit der Eigelbmasse angleichen und die Biskuitbrösel unterheben.

6. Den Tortenring (26 cm Durchmesser) auf ein mit Backpapier ausgelegtes Blech setzen und den Teig einfüllen. Im vorgeheizten Ofen (mittlere Schiene) 35 bis 40 Minuten backen. Nach dem Backen den Biskuit abkühlen lassen und quer in drei etwa gleich starke Böden schneiden.

7. Für die Kirschfüllung die Kirschen entsteinen und zusammen mit dem Zucker langsam erwärmen. Den austretenden Saft (etwa 150 ml) abgießen und erkalten lassen.

8. Den Kirschsaft mit der Speisestärke anrühren. Die Kirschen hinzufügen und das Ganze noch einmal kurz aufkochen, dann für die weitere Verarbeitung abkühlen lassen.

9. Für die Kirschwassersahne die Gelatine in kaltem Wasser einweichen. Anschließend gut ausdrücken, in einem Schälchen im Wasserbad auflösen und mit dem Kirschwasser und Zucker verrühren. In eine Schüssel geben. Die Sahne steif schlagen und die Gelatinelösung mit einem kleinen Teil davon angleichen. Dann die restliche Sahne unterheben.

10. Für die Fertigstellung das Kirschwasser und den Läuterzucker aufkochen und abkühlen lassen. Die dunkle Kuvertüre im Wasserbad schmelzen.

11. Den abgekühlten Mürbeteigboden mit der flüssigen Kuvertüre bestreichen, einen Schokoladen-Biskuitboden auflegen und eine dünne Schicht Kirschwassersahne aufstreichen.

12. Mit einem Spritzbeutel zwei bis drei dicke Ringe Kirschwassersahne aufspritzen und die Zwischenräume mit den vorbereiteten Sauerkirschen füllen.

13. Einen zweiten Schokoladen-Biskuitboden auflegen und mit etwa der Hälfte des abgekühlten Kirschwasser-Sirups tränken. Eine weitere dünne Schicht Kirschwassersahne aufstreichen.

14. Den Tortenring um die Torte legen. Den dritten Boden auflegen und mit dem Rest Kirschwasser-Sirup tränken. Die Kirschwassersahne, bis auf einen kleinen Rest für den Tortenrand, auf der Oberfläche verteilen, glatt streichen und die Torte für 1 Stunde kühl stellen.

15. Nach dem Kühlstellen den Ring vorsichtig abheben. Die Seiten der Torte mit der übrigen Kirschwassersahne bestreichen. Mit Schokospänen, Kirschwassersahnetupfer und Kirschen garnieren.

August

Kleine Sommerreise

Mozartkugeln

Sanduhr-Zeit

Kleine Sommerreise

Letztes Jahr führte mich der Sommer in den hohen Norden unseres Landes, denn ich wollte zwei Künstlern einen Besuch abstatten. Da war zunächst in der „grauen Stadt am Meer" der Dichter Theodor Storm (1817–1888); Husum war wirklich seine Stadt! Wenn man durch die Zimmer seines Hauses wandelt, das mit Originalmöbel reichlich ausgestattet ist, dann sieht man ihn gleichsam mit seiner langen Tonpfeife an seinem Schreibtisch sitzen und sinnend aus dem Fenster schauen. Und beim abendlichen Spaziergang in der Weite der Natur entlang der Deiche versteht man auf tiefere Weise seine Zeilen: „Noch einmal schauert leise / Und schweiget dann der Wind; / Vernehmlich werden die Stimmen, / Die über der Tiefe sind." (Meeresstrand)

Dann führte der Weg noch weiter hinauf bis zur dänischen Grenze, denn dort lebte der Maler Emil Nolde (1867–1956), sein Domizil erhielt von ihm selbst den Namen: Seebüll. Sein Werk galt in der dunklen Zeit des Nationalsozialismus als „entartete Kunst", und er erhielt Malverbot; für Siegfried Lenz wurde er deshalb zum Vorbild der Figur von Max Ludwig Nansen in dem Roman „Deutschstunde". Dieser untadelige Ruf des Malers als Verfemter und Verfolger erhielt durch die jüngste Nolde-Forschung einige Kratzer, doch bleibt Nolde einer der ganz großen Maler des Expressionismus. Und dies kann man in seinem Atelierhaus, vom großen Architekten Ludwig Mies van der Rohe entworfen, mit eigenen Augen erkennen; dort sieht man seine Bilder mit den irren Farben, die in ihrer Dynamik atemberaubend sind. Und wenn man das Haus verlässt und in den Garten geht, schlagen erst recht die Eindrücke Salti. In Beeten und Rabatten steigern sich Büsche, Blumen und Stauden in eine Farbexplosion, die das Auge kaum mehr zu verkraften weiß; und gleichzeitig findet im Kopf ein Dialog der Farben der Natur mit denen von Noldes Bildern statt.

Es ist sehr spannend, die unterschiedlichen Ausdrucksmöglichkeiten eines Künstlers des Wortes und des Bildes zu erleben, aber eben auch das Gemeinsame und Zeitenübergreifende zu entdecken. Beide versuchen mit den Möglichkeiten ihres Metiers die ihnen begegnende Welt zu erfassen und durch Wort oder Pinselstrich das Dahinterliegende, das Auf-anderes-Verweisende erahnbar werden zu lassen.

Am 15. August feiert die Kirche das Fest der Aufnahme Mariens in den Himmel, volkstümlich Mariä Himmelfahrt. Nach meiner kleinen Sommerreise ist mir dieses Fest noch mehr ans Herz gewachsen. Denn es ist nicht anachronistisch, sondern es sagt uns, dass all das, was uns als Weltwirklichkeit begegnet, ihre Dynamik und Ästhetik, eben die Materie, die wir sind und die uns begegnet, sich im Tod nicht ins Nichts des Rein-Geistigen auflöst, sondern auch sie hat bei Gott ihren Platz. Das konkrete „wie" mag spekulativ bleiben, das sichere „das" darf uns Zuversicht und Freude schenken. Von hierher erhält der alte Brauch der Kräutersegnung an diesem Sommer-Marienfest eine tiefere Dimension. Die Blumen- und Kräutersträuße, die wir dem Segen Gottes anvertrauen, zeigen uns in ihrer Schönheit und Heilkraft, dass die Schöpfung Gottes Gedanken in sich trägt. Und wo immer der Künstler in seinen Werken sie aufleuchten lässt, da beschenkt er den Menschen, sei es durch das Wort oder durch das Bild!

Mozartkugeln

Für 40 bis 50 Stück

Zutat: 400 g Nougat (vom Konditor oder selbst zubereitet)

Für das Pistazienmarzipan: 150 g Marzipanrohmasse / 50 g gemahlene Pistazien / 2 cl Maraschino

Für den Überzug: ca. 500 g dunkle Kuvertüre

Außerdem: runder Ausstecher von 2 – 2,5 cm Ø / Metallfolie zum Verpacken

Zubereitungszeit: ca. 90 Minuten
Trockenzeit: ca. 30 Minuten

1. Vom Nougat kleine Stücke mit einem Teelöffel portionieren und diese zu Kugeln formen.

2. Für das Pistazienmarzipan alle Zutaten gut vermischen, dann etwa 1 bis 2 Millimeter dick ausrollen, rund ausstechen, um die Nougatkugeln legen und rund rollen.

3. Für den Überzug die dunkle Kuvertüre temperieren. Die Kugeln auf Holzstäbchen spießen, in die Kuvertüre tunken und drehend ablaufen lassen. Zum Festwerden die Holzstäbchen senkrecht in einer Styroporplatte oder Ähnliches stecken.

4. Nach dem Festwerden den Holzstab vorsichtig abziehen und das Loch mit etwas flüssiger Schokolade schließen. Die Mozart-kugeln einzeln in Metallfolie verpacken.

Tipp:

Der Nougat kann auch selbst zubereitet werden: 150 g Haselnüsse rösten und die braunen Häutchen abreiben. Die Nüsse in der Küchenmaschine ganz fein zerhacken, bis eine nahezu mehlige Konsistenz erreicht ist. 250 g helle Kuvertüre schmelzen und gut mit den Haselnüssen mischen. Abkühlen und fest werden lassen.

Sanduhr-Zeit

Aufgeschlagen liegt die Kladde mit den handschriftlichen Notizen auf dem Arbeitstisch, daneben der Füller, als ob man ihn gerade zugedreht und beiseitegelegt hätte. Es ist ein besonderer Ort, der eine noch größere Besonderheit in sich birgt: In diesem Haus gibt es keine Uhren! Zum wiederholten Male konnte ich die alte Oberförsterei derer von Stauffenberg besuchen, in der der große Chronist des Zwanzigsten Jahrhunderts, Ernst Jünger, fast ein halbes Jahrhundert gelebt hat. Wenige Wochen vor seinem 103. Geburtstag ist er 1998 gestorben, und seine letzte Wohnstätte hat man zu einem musealen Dichterhaus umgewandelt.

Wenn man die Schwelle überschreitet, erfährt man die seltsame Atmosphäre, die die alten Mauern ausstrahlen. Man spürt förmlich, dass hier nicht die Uhr regiert, hier hat die Zeit einen anderen Rhythmus. Dies wird nicht nur durch das Museale hervorgerufen, sondern ist darin begründet, dass man immer wieder Sanduhren begegnet, alten und neuen, großen und kleinen. In diesem Haus herrscht die Sanduhr-Zeit; sie eilt nicht, sie rieselt, rinnt. Es ist eine entschleunigte Zeit, der man dort begegnet. Sie steht im Gegensatz zum Takt unserer Gesellschaft, in der alles immer schneller zu gehen hat. Aber sie steht ganz im Einklang mit dem Menschsein, weil jedes Erleben, jedes Erfahren seine Zeit braucht, um sich wie bei einer Sanduhr in der Tiefe anzureichern.

Deshalb tut man gut daran, diese Sanduhr-Zeit mit ins Leben hinauszunehmen. Sanduhr-Zeit ist wahre Lebens-Zeit! Die Wahrnehmung verändert sich, bisher Übersehenes kann geschaut, bisher Überhörtes kann aufgenommen werden. Man wird sensibler für die Natur und die Menschen, die einem begegnen, und man lernt neu das Staunen, von wie vielen Wundern man umgeben ist. Sollte genau dazu nicht die Ferienzeit dienen? Sie ist dann wertvoll, wenn wir neu die Sinne geöffnet und geschärft bekommen für die Umwelt und die Mitwelt. Denn nur dann kann in uns eine Ahnung von dem Geheimnis des Lebens selbst wachsen. Leben ist immer reicher, tiefer, wunderbarer, als unser oberflächlicher, schnelllebiger Alltagsstil uns vorgaukeln will.

Wagen wir in diesen Ferien diesen Schritt, dann können wir uns wirklich erholen, denn Sanduhr-Zeit ist Seelenbalsam. Und wir werden vielleicht die Maxime bestätigt finden, die Ernst Jünger so ins Wort gefasst hat: „Zeit haben ist wichtiger als Raum haben. Raum, Macht und Geld sind Fesseln, soweit sie nicht Zeit geben."

September

Von der Sprache lernen

Schoko-Brownies mit Haselnüssen

Die fließende Zeit

Von der Sprache lernen

Ob im Kleinen einer Partnerschaft oder im Großen zweier Staaten, auf alle Fälle ist es immer die Krise, die die Belastbarkeit einer Beziehung und damit ihre eigentlichen Grundlagen offenlegt. Denn sollen wirkliche Schwierigkeiten miteinander gelöst werden, bedarf es immer der Kommunikation und dann des solidarischen Verhaltens. Nur wo einer für den anderen einsteht, da wächst das Vertrauen, welches das Miteinander festigt. Das Wort „solidarisch" (gemeinsam, füreinander einstehend, eng verbunden) ist erst im 19. Jahrhundert aus dem Französischen „solidaire" in unsere Sprache gekommen; dieses wiederum ist eine Juristen sprachliche Neubildung von dem lateinischen „solidus" (gediegen, echt; fest, unerschütterlich; ganz) gewesen. Und daraus ist eine weitgefächerte Wortfamilie gewachsen, dazu zählen neben dem Begriff Solidarität auch Sold und Soldat, genauso wie Saldo und konsolidieren. Schon dieser Befund zeigt die rätselhaften Verweise der Sprache, doch wirklich spannend wird es, wenn man realisiert, dass „solidus" mit „salvus" (heil, gesund) eng verwandt ist. So sagt uns die Sprache, dass solidarisches Handeln heile, gesunde Beziehungen voraussetzt, wie auch diese wiederum gleichsam von selbst zu solidarischem Verhalten führen. Haben wir in unserer Weltordnung noch diese heilen Beziehungen oder zumindest in der europäischen Großfamilie? Und was müssen wir verändern, was tun, um sie zu erreichen?

Dabei sollten wir uns nicht auf die weltweiten wirtschaftlichen Verflechtungen verlassen. Schon der Volksmund weiß, dass Liebe sich nicht erkaufen lässt; generöse materielle Geschenke können bestenfalls das Herz eines Menschen beeindrucken, aber nie gewinnen. Natürlich stimmt der Einwand, dass es zwischen Völkern nicht unbedingt um Liebe geht, aber gewiss immer um Werte. Hier hat in unserer Gesellschaft eine seltsame Wortverwirrung stattgefunden; Geld besitzt immer irgendeinen materiellen Wert, und insofern kann es dazu beitragen, Lebens-Werte zu verwirklichen, aber es ist nie selber einer. Doch solide Beziehungen können nur auf Grundwerte gebaut werden. Deshalb müssen wir immer wieder Wertedebatten führen, doch diese können wiederum nur gelingen, wenn man sich über die eigenen im Klaren ist! Eigentlich geht es um die Frage, worauf sich unser Leben gründet.

So zeigt uns die Sprache, wie sehr das Große mit dem Kleinen verbunden ist; dass selbst weltpolitische Fragen einen jeden von uns herausfordern. Es gibt nicht die einsame Insel, auf die sich unser Ich flüchten kann, um von allem untangiert zu bleiben. Im Gegenteil, wir müssen uns immer wieder einbringen, Verantwortung übernehmen, eben Antwort geben: Welches Wertesystem habe ich? Worauf gründe ich mein Leben? Damit ist letztlich die Gretchenfrage gestellt, denn bei der Suche nach einer aufrichtigen und ehrlichen Antwort muss immer die eigene Beziehung zu Gott mitbedacht werden. „Nun sag', wie hast Du's mit der Religion?" (Goethe, Faust) Es bleibt die Frage, die wir ignorieren mögen, der wir aber nicht entkommen können.

Schoko-Brownies mit Haselnüssen

Für eine Form von 30 x 30 cm

Zutaten: 80 g gehackte Haselnüsse / 330 g Butter / 300 g dunkle Kuvertüre oder Edelbitter-Schokolade (70 %) / 250 g Zucker / 4 Eier / 15 g Vanillezucker / 5 g Salz / 100 g Mehl / 25 g dunkles Kakaopulver / 160 g Sahne

Zubereitungszeit: ca. 45 Minuten
Backzeit: ca. 30 Minuten

1. Den Backofen auf 175 °C vorheizen. Die Haselnüsse in einer Pfanne trocken rösten, dann abkühlen lassen. Die Butter bei mittlerer Hitze schmelzen.

2. Die Kuvertüre im Wasserbad schmelzen. Die flüssige Butter dazugeben und gut durchrühren.

3. Zucker, Eier, Vanillezucker und Salz mit dem Schneebesen gut durchrühren und ganz leicht aufschlagen. In die Kuvertüre-Buttermischung einarbeiten.

4. Mehl und Kakaopulver mischen und sieben, dann mit der Sahne in den Schokoladenteig mengen. Das Ganze kräftig rühren, bis der Teig gut gemischt ist. Zum Schluss die gerösteten Haselnüsse dazugeben.

5. Eine eckige Form (idealerweise 30 x 30 Zentimeter) oder eine runde Springform mit Backpapier auslegen. Den Teig etwa 2,5 Zentimeter hoch einfüllen und im Ofen (mittlere Schiene) etwa 30 Minuten backen. Den Kuchen etwas abkühlen lassen und in rechteckige Happen schneiden.

Die fließende Zeit

Es ist sprichwörtlich geworden, dass nichts so flüchtig ist wie Schall und Rauch. In der Tat, schnell verweht der Rauch im Wind, schnell verklingt ein Ton. Deshalb war es schon immer ein Menschheitstraum, das Sich-Verflüchtende einzufangen und zu konservieren, doch erst das technische Zeitalter hat dies möglich gemacht. James Watt erfand die Dampfmaschine und Thomas Alva Edison den Phonographen. Schall und Rauch waren gebändigt! Anfang des Jahres 2012 überraschte nun eine Meldung in den Zeitungen (FAZ 2.2.2012), dass aus den Anfängen der Tonaufzeichnungen eine Edison-Walze wiedergefunden wurde, auf der die Stimme von Otto von Bismarck zu hören ist.

Ausgehend von der Pariser-Weltausstellung 1889 machte der damalige Mitarbeiter von Edison, ein gewisser Theo Wangemann, eine „PR-Tournee" durch Europa, um den damals neuen Phonographen vorzustellen. Auf dieser wieder entdeckten Walze ist nun das einzige Tondokument des Eisernen Kanzlers; ebenso ist eine Aufzeichnung des damals fast neunzigjährigen Feldmarschalls Graf Helmut von Moltke. Dies ist insofern bemerkenswert, dass damit die einzig bekannte Aufnahme einer Stimme erhalten ist, die noch im 18. Jahrhundert geboren wurde.

Als ich diese Meldung las, beeindruckte mich zunächst, welche Zeiträume wir durch menschliche Überlieferung überbrücken können. Die Probe aufs Exempel ist schnell gemacht, leicht sollte man heute noch Neunzigjährige finden, die wiederum als Kinder auf dem Schoß von Menschen saßen, die ihrerseits Bismarck noch gesehen haben. Wie sehr hat sich seitdem die Welt verändert, und wie sehr ist der Mensch in seinen Grundbedürfnissen und Wünschen doch derselbe geblieben! Und wie viel Geschichte könnten wir von Augen- und Ohrenzeugen noch erfahren. Das andere, was mich an der Edison-Walze faszinierte, ist dieser eindringliche Wunsch, den Augenblick eines gesprochenen Wortes festzuhalten, gleichsam für die Ewigkeit zu konservieren. Wir wollen das Flüchtige bannen, insbesondere wenn es ein guter oder wichtiger Augenblick gewesen ist. Hier winkt das faustische Wort: „Verweile Augenblick, du bist so schön." Mit einem unvorstellbaren Aufwand menschlicher Intelligenz haben wir die Instrumentarien hierfür immer mehr vereinfacht und verkleinert, sodass es heute jedem Kind

möglich ist, die Worte eines Menschen aufzuzeichnen oder ihn zu fotografieren und zu filmen. Es ist ein wirkmächtiger Wunsch, Schall und Rauch zu bändigen und zu bannen.

Dahinter spürt man die tiefe Sehnsucht, dass das Lebensbeglückende nicht in Vergessenheit gerät, damit das Leben selbst in Erinnerung bleibt. Aber so staunenswert all unser technisches Können auch ist, letztlich zerbricht jede Edison-Walze, letztlich verblasst jede Fotografie. Menschliche Annäherung an große Zeiträume gelingt immer nur bis zu einem gewissen Punkt, denn es bleibt wahr, alles ist Schall und Rauch! Nur einer kann Garant für die Ewigkeit sein, nur einer kann auf Dauer den Augenblick festhalten: unser Gott! Bei ihm geht nichts verloren, er allein vermag unsere Sehnsucht zu erfüllen, herauszutreten aus der fließenden Zeit. Wann immer wir das Gespräch mit Gott suchen, wann immer wir Betende werden, können wir es erfahren.

Oktober

Vom Geheimnis der Namen

Heidesand

Herbstzeit

Vom Geheimnis der Namen

In diesen bewegten Zeiten freut man sich umso mehr, wenn man in den Medien positive Nachrichten entdeckt; der Bericht und das Bild über den Besuch „unserer" Borussia beim Papst Franziskus (RP vom 16.10.2017) zählt für mich dazu. Zwar scheinen auf den ersten Blick ein Fußballverein und der Vatikan ganz verschiedenen Welten anzugehören, doch Gebet und Spiel sind nur zwei Grundhaltungen des einen Menschen, und sowohl im einen wie im anderen spiegelt sich das Menschsein. Zudem wurde mir beim Lesen des Artikels einmal mehr bewusst, wie bedeutungsvoll Namen sind. Es war von der „Weisweiler-Elf" die Rede, und wenn wir auch alle wissen, dass dieser Name längst Vergangenes beschreibt, so ist er doch mit dem Traditionsverein Borussia Mönchengladbach so fest verbunden, dass Geschichte und Gegenwart des Vereins sofort präsent sind, mehr noch: er repräsentiert die Grundideale der Fohlen. Nicht viel anders ergeht es uns beim Papst Franziskus, auch hier ist der Name Programm; selbst Kirchenferne haben bei Franziskus konkrete Assoziationen. Das ist nicht verwunderlich, denn schon die Zeitgenossen des Heiligen aus Assisi erkannten seine Einzigartigkeit. Der hl. Franziskus lebte die Barmherzigkeit und Liebe Gottes in einer solchen Radikalität, dass man ihn das „andere Ich Christi" nannte; seine Empathie zur Schöpfung und zu allen Lebewesen war so vorbildhaft, dass Gestirne, Pflanzen und Tiere ihm zu Geschwistern wurden. Wer seinen Namen wählt, verkündet eine klare Botschaft.

Auch wenn er jetzt in der Abgeschiedenheit und in der Stille des Gebetes lebt, sollten wir als seine Landsleute nicht den Vorgänger Benedikt XVI. vergessen, auch sein Name war ein Signal für die Welt. Denn sein Namenspatron, der hl. Benedikt von Nursia, gilt als Begründer des abendländischen Mönchtums; und für nicht wenige Historiker markiert seine Klostergründung im Jahr 529 auf dem Berg Monte Cassino das Ende der Antike und den Beginn einer neuen Zeit. Seine Klosterregel mag vielen fremd sein, doch sein Wort „bete und arbeite" ist sprichwörtlich geworden. Der lauten Welt die Stille, der Eventsucht die Abgeschiedenheit, der Egomanie die Gemeinschaft, der Geschwätzigkeit das Gebet entgegenhalten, das wollte der hl. Benedikt; und dies scheint mir heute aktueller und dringender denn je zu sein.

Ein Name ist immer mehr als die Kennzeichnung einer bestimmten Person, er ist Botschaft, Wunsch, Hoffnung – für andere und für seinen Träger! Denn nicht nur Päpste tragen einen großen Namen, sondern eigentlich ein jeder von uns; und es lohnt sich, das Geheimnis seines eigenen zu ergründen. Da wird manche Überraschung auf uns warten, immer aber kann der Gewinn an Erkenntnis zur Ermutigung und zum Ansporn werden. Oft ist schon die Übersetzung spannend; so heißt Benedikt „der Gesegnete" und Franziskus „Französchen". Denn es war der Kosename der (aus Frankreich stammenden) Mutter, den

Franziskus mit seinem Leben weltberühmt gemacht hat. Sein Taufname war Johannes, bei uns im Rheinland abgekürzt mit „Hennes" und heißt übersetzt: „Gott ist Gnade". In diesen bewegten Zeiten nicht nur für uns eine gute Gewissheit, sondern sicherlich auch für den Papst und für alle Freunde von Borussia.

Heidesand

Für etwa 40 Stück

Zutaten: 200 g Mehl / 100 g Puderzucker / 130 g Butter / 1 Eigelb / 1 EL Vanillezucker / abgeriebene Schale einer unbehandelten Zitrone / 1 Prise Salz / 50 g Hagelzucker / 2 Eiweiß

Zubereitungszeit: ca. 35 Minuten
Backzeit: ca. 10 Minuten

1. Mehl, Puderzucker, Butter, Eigelb, Vanillezucker, Zitronenschale und Salz zu einem glatten Teig verkneten. Zwei Rollen von etwa 3 Zentimeter Durchmesser formen und kalt stellen.

2. Ein Backblech mit Backpapier auslegen. Die Rollen mit Eiweiß bestreichen und in Hagelzucker wälzen. Den Backofen auf 200 °C vorheizen.

3. Die Rollen in etwa 1 Zentimeter dicke Scheiben schneiden, auf das Backblech legen und auf der mittleren Schiene des Backofens etwa 10 Minuten backen.

Herbstzeit

Herbstzeit ist Lesezeit! Dies merke ich allein schon an der morgendlichen Zeitungslektüre, auch die Tageszeitung wird intensiver gelesen. An langen freien Abenden warten Bücher auf mich, sie sind wirklich treue Weggefährten durch das Leben. Immer wieder habe ich erfahren, dass in gewissen Lebensabschnitten, Lebenssituationen bestimmte Autoren maßgeblich wurden. In früher Jugend nahm mich Karl May mit in die weite Welt, so streifte ich mit ihm „Durchs wilde Kurdistan", dessen ungelöste Probleme uns noch heute in den Nachrichten begegnen. Danach musste ich mit Hercule Poirot und Miss Marple alle anstehenden Mordfälle lösen, um so gerüstet später Bekanntschaft mit den Großen der Literatur zu machen. Auf diese Weise verbindet sich mit den meisten Büchern immer auch ein Stück meiner Biographie. Erinnere ich mich an Bücher, wird mir mein eigenes Leben präsent.

Lesezeit ist Lebenszeit! Bücher sind also immer mehr, als schriftliche Mitteilungen oder Informationen. Sie sind ein Kulturgut, das wir Menschen brauchen, um im Wachsen und Reifen zu uns selbst zu finden. Aber die Bücher brauchen auch uns! Sie brauchen die Freude des Lesers, seine spannungsvolle Erwartung, die bereits das erste Aufblättern begleitet. Erfährt man dies auch bei einem E-Book? Ich weiß es nicht, doch habe ich meine Zweifel. Überhaupt scheint mir heute das Buch aus verschiedensten Gründen gefährdet zu sein, doch wie bei allen Entwicklungen helfen weder Lamentieren und Klagen, noch Mahnungen und Verbote. Sollen auch künftige Generationen sich an Büchern erfreuen können, muss man die Lesefreude wecken, muss man schon Kindern vermitteln, dass jedes Buch einen Mehr-Wert besitzt, der selbst die Schatzhöhle eines Ali Baba in den Schatten stellt. Und Schätze wollen beschützt und gehütet werden!

Lebenszeit ist Gotteszeit! Was macht aber die Schreibkunst so wertvoll für den Menschen? Eine präzise Antwort las ich bei der „Chronistin des Rheinlandes", der Schriftstellerin Ulla Hahn, sie formuliert knapp und genau: „Kunst hilft, die Sehnsucht wach zu halten, nach dem, was wir nicht sind und haben". Ein wunderbares Wort! Und es markiert darüber hinaus eine wichtige Schnittstelle; denn in diesem Diktum ist das Wort „Kunst" ersetzbar durch „Glaube". In welcher Weise auch immer uns Kunst begegnet, in ihr leuchtet das Geheimnis des Göttlichen selbst auf und bestätigt damit, dass sich Menschsein nicht in dem erschöpft, was wir haben oder sind und selbst Alles wäre zu wenig.

Gotteszeit ist Aufbruchzeit! So freue ich mich auf die Begegnungen mit hoffentlich noch vielen Büchern, denn jedes Buch ist ein weiterer Aufbruch in neue Welten, neues Leben hinein. Im großen Roman-Epos von Ulla Hahn, das vier voluminöse Bände umfasst, beginnt und endet jedes Buch mit denselben zwei Wörtern, die eigentlich ein Anruf des Lebens an uns sind und vielleicht zum Zuruf Gottes in unserer letzten Stunde werden: „Lommer jonn."

November

Gottes Freunde

Zimt-Sterne

Der Noah-Reflex

Gottes Freunde

Mit dem Fest Allerheiligen öffnet der November seine Türen, an diesem Tag gedenken wir der vielen unbekannten Heiligen, die vor und mit uns lebten. Auch an beliebten Heiligen ist dieser Monat reich! So ziehen wir mit unseren Laternen am Martinstag (11. November), staunen über die Wissensfülle des hl. Albertus Magnus (15. November), werden wir vier Tage später von der Großherzigkeit der hl. Elisabeth beglückt (19. November), und kurz darauf lädt uns die hl. Cäcilia (22. November) zum Singen ein. Nur eine kleine Auswahl, und doch bereits ein stolzer Heiligen-Reigen. Gleichwohl haben wir die Beziehung zu ihnen verloren, denn wer feiert heute noch seinen Namenspatron? Wer kennt noch Heiligenviten oder Heiligenlegenden? Wer bittet noch um ihre Fürsprache? Sie scheinen räumlich und zeitlich weit von unserem Leben entfernt zu sein; einsam stehen sie auf hohen Kirchensockeln, und in unserer hastigen Zeit ist ihre Vergangenheit zu Vergangenem geworden. Doch ist es ein Verlust? Was kann ihr Leben, oft vor Jahrhunderten gelebt, uns heute noch sagen?

Die Heiligen rufen uns zu: Das Gute ist jedem möglich! Denn Heilige sind zunächst einmal Menschen, die das Gute gewagt haben. Jede Epoche hat ihre Fallstricke des Bösen, jede Zeit ihre Herausforderungen, immer ist es schwierig, sich für das Gute zu entscheiden! Doch das Leben der Heiligen verweist auf das unerschöpfliche Potential an Phantasie und Kraft, das in jedem Menschen liegt. So können wir durch ihren Zuruf unsere Selbstzweifel und Skrupel überwinden und die gute Tat wagen!

Als nächstes zeigen die Heiligen: Das Gute ist immer nötig! Keiner kann das Elend der Welt auflösen, doch jeder kann dazu beitragen, es zu verringern. Auch in unserer scheinbar abgesicherten Gesellschaft fallen immer wieder Menschen durch das soziale Netz und sind auf Hilfe angewiesen. Zudem mag mit dem Gesetzbuch unter dem Arm eine Gesellschaft funktionieren, doch bleibt sie unmenschlich. Denn wir brauchen immer die Geste, die Tat, die nicht geschuldet, sondern geschenkt wird. An den Heiligen erkennen wir, dass wir nur in der guten Tat das leben, was uns ausmacht: Menschlichkeit!

Und nicht zuletzt sagen uns die Heiligen: Das Gute ist sich selber Grund genug! Wir alle kennen doch die Verzagtheit, die der Enttäuschung entwächst. Man wagt unter großem Einsatz und Risiko das Gute, und es wird als Selbstverständlichkeit hingenommen, schlimmer noch, man erntet Spott und Hohn. Der Gute scheint der Dumme zu sein. Solche Erfahrungen führen zur Lähmung unserer Kräfte, lassen uns ermüden. Doch die Heiligen verleihen frischen Mut, denn ihr Leben zeigt, dass die gute Tat keine Begründung benötigt, sie ist in sich Grund genug!

Heilige sind Menschen wie wir und obendrein Gottes Freunde; als solche wissen wir sie wohlbehalten geborgen in der Ewigkeit. Denn wir mögen sie vergessen, Gott vergisst sie nicht! Und so verrät uns ihr Lächeln: Das Gute schenkt immer Freude, die letztlich kein Ende kennt. Allein deshalb sollten Gottes Freunde unsere Freunde sein!

Zimt-Sterne

für ca. 45 Stück

Teig: 250 g Mandeln, sehr fein gemahlen / 5 g Zimt / 250 g Zucker / 3 Eiweiß

Glasur: 1 Eiweiß / 125 g Puderzucker

Fürs zweite Ausrollen: 50 g Mandeln, sehr fein gemahlen

1. Mandeln mit Zimt mischen. Eiweiß und Zucker leicht erwärmen (40° C) und rühren, bis der Zucker gelöst ist.

2. Alle Zutaten zu einem Teig verkneten und für 2-3 Stunden kalt stellen, damit der Teig genügend Festigkeit erhält.

3. Den Teig zwischen zwei Folien ca. 8 mm stark ausrollen und in einen Tiefkühler stellen.

4. Für die Glasur Eiweiß und Puderzucker zu einem dickflüssigen Brei verrühren und mit einer Winkelpalette sehr dünn auf dem angefrorenen Teig verstreichen (einen Teil für das Glasieren der zweiten Menge aufbewahren). Den glasierten Teig nochmals kurz anfrieren, das erleichtert das Ausstechen.

5. Mit einem Ausstecher Sterne ausstechen. Dabei so wenig Zwischenräume wie möglich lassen und die Ausstechform zwischendurch immer wieder in heißes Wasser tauchen.

6. Die Sterne auf ein mit Backpapier ausgelegtes Blech legen und im vorgeheizten Backofen bei 200° C ca. 8 Minuten backen.

7. Währenddessen die Teigreste verkneten. Dabei gemahlene Mandeln zufügen, um die Feuchtigkeit der Glasur auszugleichen. Mit dem neuen Teig genauso verfahren wie mit dem ersten.

8. Zugegeben, - das Glasieren des Teiges mit der Zuckerglasur ist nicht einfach. Deswegen mein Tipp: Stechen Sie die Zimtsterne aus dem Teig ohne Glasur aus! Erst danach die Zimtsterne mit Glasur ausgarnieren (mit einer Spritztüte) und dann backen.

Der Noah-Reflex

Es ist kalt geworden in Deutschland, Novembertage können recht ungemütlich sein. Gottlob habe ich beizeiten ein kunterbuntes Vogelhaus gekauft, sodass ein neuer Ehrendienst auf mich zugekommen ist. Regelmäßig bestücke ich das Vogelhäuschen mit Futter, und dafür werde ich reich belohnt, größere und kleinere Vögel fliegen diesen Nahrungshort an. Dabei sind meine ornithologischen Kenntnisse leider mangelhaft, immerhin konnte ich ein Eichelhäherpärchen identifizieren, ebenso Meisen und Spatzen. Elstern und Tauben müssen auf Grund ihrer Größe sich mit dem begnügen, was allzu stürmische Gäste auf die Erde fallen lassen.

Von mehreren Plätzen im Haus habe ich das Vogelhäuschen fest im Blick, und ich staune selbst über die Freude, die ich beim Kommen und Fliegen der gefiederten Freunde empfinde. Woher mag sie rühren? Natürlich ist Eigennutz dabei, wenn ich ein oder zwei Hände voll Körner den Vögeln hinstreue. Denn schon heute freue ich mich auf ihren Gesang, der immer mit dem Frühling einsetzt. Aber da ist noch Tieferes! In der Fürsorge für die Vögel erfüllt man eine Verantwortung, die man in seinem Herzen spürt. Wo das Leben durch äußere Umstände bedroht ist, müssen die Lebendigen zusammenhalten, vielleicht ist es ein „Noah-Reflex"! In solchen Augenblicken ahnt man, dass alles mit unsichtbaren Fäden verwoben ist, dass uns die Schöpfung anvertraut ist. Es ist weiß Gott keine heroische Tat, eher eine flüchtige Handbewegung, die Körner zu streuen, und doch bedeutet sie viel! Erfüllt man damit, was Verantwortung meint: man gibt Antwort auf einen Anruf, der im Sein ruht.

Es ist kalt geworden in Deutschland, denn was uns so selbstverständlich bei den Tieren erscheint, das verwehren wir immer mehr dem Mitmenschen. Es ist ein seltsamer Zeitgeist, der uns zuraunt, dass jeder von uns ein Einzelkämpfer ist, dass jeder von uns zunächst für sich selber sorgen muss. So zwitschert jeder still das Liedchen: „Jeder denkt an sich, nur ich denk` an mich." So werden wir immer mehr zu einer Gesellschaft der Egomanen, zumindest zu einer Gesellschaft von Interessensverbänden. Und damit wächst die Angst, nicht genug vom „Kuchen Leben" abzubekommen. Wir kämpfen um die vermeintlichen Goldkörner des Lebens und wachen futterneidisch mit Adleraugen darüber, wie viel der Andere erhält. Dabei gilt doch erst recht für uns Menschen, dass wir einander anvertraut sind weit über familiäre Bindungen hinaus. Der Mensch lebt nicht nur im Wir, sondern noch mehr vom Wir! Gerade in unserer hoch spezialisierten Gesellschaft sind wir abhängig von der Arbeit und von dem Dasein Anderer. Und es ist ein grober Irrtum, wenn wir wähnen, uns aus dieser Abhängigkeit freikaufen zu können. Es bleibt Selbstbetrug, wenn wir meinen, dass Geld uns autark macht und mit ihm das Du und das Wir überflüssig werden. Nicht alles ist käuflich! Im Gegenteil, Austausch und Fürsorge, Nähe und Geborgenheit, Vertrauen und Liebe lösen sich oft genug auf, sobald Geld fließt.

Wir sind einander anvertraut! Letztlich ist jedes Vogelhäuschen eine kleine Arche und ein Beleg dafür, dass das Wissen umeinander verschüttet, aber nicht zerstört werden kann. Wir sind miteinander verwoben, weil wir Schöpfung sind und mit unserem Schöpfer immer verbunden bleiben. Er schenkt uns mehr als eine Handvoll Körner. Er stellt uns alles zur Verfügung! Wo wir verantwortungsvoll dieses Wissen leben, da kann es ruhig kalt werden, die Wärme des Herzens ist immer größer.

Dezember

Riten, Bräuche, Traditionen

Christ-Stollen

Weihnacht – Raunacht

Glücksbringer und Erfolgsgarant

Riten, Bräuche, Traditionen

Anfang Dezember feiern wir den hl. Nikolaus (6. Dezember), und wer ihn als Namenspatron hat, besitzt gleichsam die innere Verpflichtung, von ihm zu erzählen. Er war im 4. Jahrhundert Bischof in der kleinen Stadt Myra, theologische Schriften von ihm sind nicht überliefert und sein Bistum ist längst in den Wirren der Weltgeschichte untergegangen. Doch Nikolaus lebte so großherzig, so unkonventionell, so vorbildhaft die Nächstenliebe, dass die Erinnerung an ihn von Generation zu Generation weiter gegeben wurde, und er bis zum heutigen Tag zu den bekanntesten und beliebtesten Heiligen zählt. Wo Erinnerungen nicht nur den Kopf, sondern das Herz erfüllen, da bleiben sie lebendig!

Im Laufe der Jahrhunderte hat sich ein reiches Brauchtum um sein Fest entwickelt, so war der Nikolausabend der ursprüngliche Bescherungstag, erst die Reformation verlegte ihn in unseren Breiten auf den Heiligabend. Aber bis heute füllt der hl. Nikolaus Strümpfe, Stiefel, Schuhe, Teller mit Leckereien und manchen Überraschungen. In früheren Zeiten nahmen die Kinder das Heischerecht wahr und zogen an diesem Tag von Hof zu Hof, um gute Gaben zu sammeln. Er wurde zum Patron der Schüler, doch auch die Erwachsenen schätzen ihn als Helfer in der Not; besonders die Seeleute wissen sich bei ihm in guten Händen. Darin liegt die uralte Weisheit: Wer im irdischen Leben das Gute tut, der wird gewiss im Leben bei Gott damit nicht aufhören!

Doch nicht nur das Nikolausfest schenkt uns in diesen Wochen alte Traditionen und Riten, eigentlich ist der ganze Advent mit Bräuchen angefüllt. Selbst in unserer säkularisierten Gesellschaft haben in diesen Tagen unsere Backöfen Hochbetrieb, werden wie jedes Jahr Wohnungen und Häuser festlich dekoriert, besuchen wir traditionell die Weihnachtsmärkte, entzünden wir alle Jahre wieder die Kerzen der Adventskränze. Wir machen es, weil wir (das Wort verrät es!) Bräuche brauchen, denn sie tun der Seele gut! Aber warum ist das so? Kein Geringerer als der Schöpfer des „Kleinen Prinzen", Antoine de Saint-Exupéry (1900 – 1944), in seinem Buch „Die Stadt in der Wüste": „Und die Riten sind in der Zeit, was das Heim im Raume ist." Damit lenkt er das Augenmerk auf einen wichtigen Umstand in unserem Leben; für eine gute Entwicklung benötigen wir nicht nur die Geborgenheit, den Schutz und die Sicherheit eines Heimes, sondern auch die Erfahrung, dass in allem Wandel und Wechsel der Zeit

Konstanten vorhanden sind. Wir brauchen den Rhythmus des Wiederkehrenden, der uns vertraut ist und immer vertrauter wird, damit wir Halt und Sicherheit erfahren!

Zudem schafft jedes gelebte Brauchtum Gemeinschaft! Selbst wenn man einsam vor seinem Adventskranz sitzen sollte, so ist man nicht allein, denn man ist mit all jenen verbunden, die dasselbe tun; das Licht der Adventskerzen fällt immer auf ein Wir! Und dieses Wir gilt nicht nur für das Hier und Jetzt, sondern umfasst auch frühere Generationen. Denn es liegt im Begriff der Tradition, dass man etwas übernommen hat, was lange vor uns unsere Ahnen schon lebten. Auf diese Weise reicht unsere Verbundenheit tief in die Vergangenheit zurück, und lässt uns unsere Herkunft wahrnehmen. Damit wächst wiederum unsere Identität, denn nur wo wir um unsere Wurzeln wissen, können wir dem eigenen Ich auf die Spur kommen! Doch das Zitat von Saint-Exupéry geht noch weiter: „Denn es ist gut, wenn uns die verrinnende Zeit nicht als etwas erscheint, das uns verbraucht und zerstört wie die Handvoll Sand, sondern als etwas, das uns vollendet." Auch für den Schriftsteller gilt: wir leben nicht, um irgendwann zu sterben, sondern um der Vollendung zuzustreben! Dazu brauchen wir Riten, Bräuche, Traditionen, sie helfen, den Sinn unseres Seins zu erschließen. Letztlich macht nur dies dunkle Tage hell!

Christ-Stollen

Für 2 Stollen à 800 g

Früchte: 500 g Rosinen / 60 g Orangeat / 30 g Zitronat / 2 EL Rum / 30 g Mandelsplitter

Vorteig: 100 ml Milch / 50 g Hefe / 50 g Honig / 200 g Mehl

Hauptteig: 210 g kalte Butter / 1 TL Salz / 80 g Marzipanrohmasse / die abgeriebene Schale einer ½ unbehandelten Zitrone / Vanille-Zucker / 200 g Mehl

Fertigstellung: 150 g Butter / Zucker zum Wälzen des Stollens

1. Am Vortag Rosinen, Orangeat und Zitronat mischen, mit Rum beträufeln und durchziehen lassen. Nicht kalt stellen!

2. Für den Vorteig die Milch mit der Hefe und dem Honig verrühren. Das Mehl zugeben und durch starkes Kneten einen festen Teig erstellen. Abgedeckt, mit Mehl bestäubt im Kühlschrank gehen lassen, bis die Mehldecke stark gerissen ist.

3. Butter, Salz, Marzipanrohmasse, Zitronenschale, Vanille-Zucker und Mehl zu einer glatten Masse verarbeiten.

4. Vor- und Hauptteig mischen und kneten, bis ein glatter Hefeteig entstanden ist.

5. Die Früchte und Mandelsplitter zügig und ohne viel Kneten unter den Teig mengen, damit sie nicht zerdrückt werden. Den Teig teilen, zu zwei Kugeln formen und 20 Minuten kühl stellen.

6. Die Teigkugeln jeweils in eine längliche Form (ca. 20 cm) bringen und erneut 20 Minuten kühl stellen. Die Ruhepausen sind wichtig, da sie ein Reißen des Hefeteiges verhindern.

7. Den Teigrollen die typische Stollenform geben: mit einem Rollholz ein Drittel der Rolle längs flachdrücken, nach oben klappen und andrücken. Wer mag, kann hier auch eine Marzipanrolle einlegen.

8. Die Stollen werden im vorgeheizten Ofen 15 Minuten bei 200 Grad, dann weitere 45 Minuten bei 170 Grad gebacken.

9. Nach dem Backen die Stollen sofort mit 150 g zerlassener, lauwarmer Butter bestreichen und in Zucker wälzen. In Alufolie gewickelt und bei 10 – 12 Grad gelagert, ist dieser Stollen sehr gut haltbar. Er gewinnt mit der Zeit an Geschmack.

Weihnacht – Raunacht

In uralten Zeiten hat man die Tage nach der Wintersonnenwende gefürchtet, weil sie eine Zwischenzeit waren, in der die Zwischenwelt der Geister und Dämonen besonders bedrohlich schienen, und daher die Träume eine besondere Qualität besaßen. Schon die Bezeichnung „Raunächte" führt in frühe Schichten unserer Geschichte, als man die Tage noch in Nächten zählte. Und in „Rau" kann man sowohl das mittelhochdeutsche rouch vermuten, was „rauchen, räuchern" meint und damit auf die Reinigung von Haus, Vieh und Mensch durch das Verbrennen wohlriechender Kräuter verweist; als auch darin die althochdeutsche Wortwurzel runa erkennen, die „Geheimnis, geheimes Geflüster" bedeutet.

Es ist eben die Zeit der überzähligen Tage zwischen dem lunaren und solaren Kalender, denn ein Mondjahr besteht aus 12 Monden zu jeweils 29,5 Tagen, also insgesamt 354 Tagen; ein Sonnenjahr hingegen wie bekannt aus 365 Tagen. Laufen Sonne und Mond im Jahreskreis unauffällig nebeneinander, so gilt dies nicht für die letzten Tage des solaren Jahres; sie gehören nicht mehr ganz zum alten, aber auch noch nicht zum neuen Jahr. Hierin mag der Grund liegen, dass die Setzung des Jahresbeginns in Europa pendelte; so war bei den Römern der 1. Januar, bei den Karolingern der 25. Dezember, im Mittelalter der 6. Januar Jahresanfang. Erst seit Mitte des 17. Jahrhunderts wurde der 1. Januar als Jahresbeginn langsam allgemein anerkannt. Doch bis heute hat sich der Ausdruck „zwischen den Jahren" erhalten, und auch manche Silvesterbräuche, wie das Bleigießen oder das Feuerwerk sind ein später Reflex auf diese außergewöhnlichen Tage. Denn wo die Zwischenwelt so nahe ist, da kann man leichter in die Zukunft schauen; und böse Geister und Dämonen hat man immer und überall durch Feuer und Lärm vertrieben. Man staunt, wie viel Irrationales selbst in unserer rationalen Welt in uns Menschen bis heute steckt.

Das Christentum hat gegen diese Verunsicherungen und Ängste die „geweihten Nächte" gestellt, denn nichts anderes heißt Weihnachten. Das Geheimnis der Menschwerdung Gottes ist so tief und unauslotbar, dass es nicht in einer Nacht allein gefeiert werden kann. So begleitet uns das Kind von Bethlehem ins Neue Jahr hinein und darüber hinaus. Es schenkt uns die liebende, liebevolle Achtsamkeit, die anders als Mauern und Gewalt wahren Schutz vor dem Bösen bietet. Denn auch wenn wir Geister und Dämonen verlachen, die Wirkmächtigkeit des Bösen wird uns immer wieder dramatisch vor Augen geführt. Es bleibt das Wunder aller Wunder, dass allein dieses wehrlose Kind im Stall wirkmächtiger ist. Vertrauen wir der Weihnachtsbotschaft, und stimmen wir dankbar mit ein: „Christ, der Retter, ist da!"

Glücksbringer und Erfolgsgarant

Am 9. Mai 1981 schrieb der damalige Unternehmer und SPD-Politiker Philip Rosenthal in das Album des Schriftstellers Walter Kempowski: „Erfolg ist etwas ‚Sein' / etwas ‚Schein' / und sehr viel ‚Schwein'." Beim ersten Lesen musste ich über dieses launig-lustige Notat schmunzeln. Doch in ihm steckt mehr, eine große Portion Ehrlichkeit. Denn der damals sehr erfolgreiche Unternehmer und auch bundesweit bekannte Politiker gibt damit zu, dass Erfolg nicht machbar, nicht planbar ist. Glück kann man nicht zwingen! Wenn ein Unternehmen erfolgreich sein soll, dann muss man – um in der Diktion zu bleiben – eben „Schwein haben". Doch was heißt das? Hier hilft unsere Sprache. Denn unser Wort „Erfolg" signalisiert, dass man irgendwem folgen muss, will man sein Ziel erreichen. Doch wer sollte das sein? Und wie sieht das Ziel denn aus? Kann man es ausschließlich am Kontostand ablesen? Oder gibt es andere, wichtigere Indikatoren für ein erfolgreiches Leben?

Wir stehen an der Schwelle zu einem Neuen Jahr, und wir hoffen auf ganz viel Erfolg und noch mehr Glück im neuen Jahr. Zwar gilt noch immer, dass jeder seines Glückes Schmied ist, und dass Erfolg den Tüchtigen belohnt. Doch müssen wir ebenso festhalten, dass letztendlich in den Geschicken des Lebens ein Rest bleibt, von dem wir zwar abhängig sind, worauf wir aber keinen Einfluss haben. Selbst der fatalistische Seufzer: „Alles ist Schicksal." unterstreicht dies! Hier ist zwar nicht von „Folgen" die Rede, aber vom „Schicken"! Wiederum ist zu fragen, wer oder was schickt uns etwas? Sollte es die launische Fortuna sein, von der wir Fortune erwarten können? Oder ist es gar das Glücksschwein, das uns beschenkt? Der Glücksklee? Das Hufeisen? Oder vielleicht doch der Schornsteinfeger? Ich muss gestehen, keinem in dieser Aufreihung will ich FOLGEN, und ich erwarte auch von keinem aus dieser Reihe, dass er mir etwas SCHICKT, geschweige, dass ein GlücksBRINGER darunter ist.

Folgen will ich nur einem und von ihm erbitte ich, dass er mir Gutes schickt oder bringt. Deshalb vertraue ich mich auch im kommenden Jahr gerne unserem Herrgott an! Wenn auch die Kalenderblätter des kommenden Jahres noch leer sind, so weiß ich doch sicher, dass Schönes und Schweres auf mich warten, dass auch in der Zukunft Höhen und Tiefen bewältigt sein wollen. Welcher Art die großen und kleinen Herausforderungen sind, das liegt immer im Dunkeln, doch bin ich mir gewiss, dass sie nur mit Gottes Hilfe gelingen, glücken können. Er allein ist der wahre Erfolgsgarant! So empfange und schenke ich gerne den Gruß, der eigentlich Bitte ist: „Ein Gott gesegnetes Neues Jahr!"